Anselm Grün
In die Stille finden

Anselm Grün

In die Stille finden

Mönchische Erfahrungen für den Alltag

Claudius

Bibliografische Informationen Der Deutschen Bibliothek
Die Deutsche Bibliothek verzeichnet diese Publikation in der
Deutschen Nationalbibliografie; detaillierte bibliografische Daten
sind im Internet über <http://dnb.ddb.de> abrufbar

© Claudius Verlag München 2008
Birkerstraße 22, 80636 München
www.claudius.de
Das Werk einschließlich aller seiner Teile ist urheberrechtlich geschützt.
Jede Verwertung außerhalb der engen Grenzen des Urheberrechtsgesetzes ist
ohne Zustimmung des Verlags unzulässig und strafbar. Das gilt insbesondere
für Vervielfältigungen, Übersetzungen, Mikroverfilmungen und die Einspeicherung und Verarbeitung in elektronischen Systemen.
Umschlaggestaltung: HildenDesign/Andrea Barth
Foto Umschlag: © Tranquility / Digital Stock
Druck: Ebner/Spiegel, Ulm

ISBN 978-3-532-62361-9

Inhalt

Einleitung 7

Mit allen Sinnen leben 13

Naturbetrachtung
  (Wasser, Baum, Landschaft) 19

Sitzen – Stehen – Gehen 33

Meditatio – Ruminatio – Contemplatio 49

Meditation biblischer Bilder 63

Lectio divina 73

Morgen- und Abendrituale 85

Die Türhüterübung 94

Meditation und Musik 99

Einfache wiederholende Tätigkeiten 105

Liturgie und Stille 111

Zusammenfassung 117

Literatur 122

Einleitung

Die Sehnsucht nach Stille bewegt heute viele Menschen. Zu viel Lärm belästigt unsere Ohren und tönt uns zu. Der christliche Dichter Werner Bergengruen hat schon vor über 50 Jahren die Sehnsucht seiner Zeit nach Stille in Worte gefasst, die auch für uns heute noch gelten:

O komm, Gewalt der Stille

Wir sind so sehr verraten,
von jedem Trost entblößt.
In all den schrillen Taten
ist nichts, das uns erlöst.

Wir sind des Fingerzeigens,
der plumpen Worte satt.
Wir wolln den Klang des Schweigens,
das uns erschaffen hat.

Gewalt und Gier und Wille
der Lärmenden zerschellt.
O komm, Gewalt der Stille,
und wandle du die Welt.

Wir sind die vielen Worte leid, die täglich auf uns einströmen. Wir sehnen uns nach Klarheit, nach Stille, nach dem Schweigen Gottes, dem Ursprung, aus dem wir kommen.

Aber bei aller Sehnsucht nach Stille haben Menschen doch auch Angst davor. Viele wissen nichts mit der Stille anzufangen, weil sie mit sich selbst nicht im Reinen sind, weil sie sich selbst nicht begegnen möchten. Sie fürchten, es könnte in ihnen all das aufsteigen, was ihnen unangenehm ist: verdrängte Bedürfnisse, das Gefühl ungelebten Lebens oder das Empfinden, dass ihr Leben nicht stimmt. Viele Menschen sind hin- und hergerissen zwischen ihrer Sehnsucht nach Stille und der Angst davor. Sie möchten zur Ruhe kommen, aber wenn alles um sie herum still ist, dann geraten sie in Panik, weil der innere Lärm unerträglich laut werden könnte. Um dem zu entgehen, betäuben sie sich mit vielen Worten oder Aktivitäten und wissen doch zugleich, dass die Stille heilsam wäre, dass es ihnen gut täte, all den inneren Lärm einmal loszulassen und einfach nur still zu werden, da zu sein, ohne über sich nachzudenken, ohne sich zu beurteilen und ohne sich unter Druck zu setzen, alles Unerledigten noch erledigen zu müssen.

*

In der spirituellen Tradition des Christentums finden sich viele Wege zur Stille und zur Meditation. Da gibt es ähnliche Formen, wie sie etwa im Hinduismus und Buddhismus üblich sind: beispielsweise das mantrische Beten, bei dem ein Wort mit dem Atem verbunden wird, oder die Schweigemeditation, in der man nur seinem Atem folgt und alle Gedanken loslässt. Die Zugänge zur Stille sind jedoch weitaus vielfältiger. Den einen ist ein Spaziergang durch den Wald die tiefste Stilleerfahrung. Andern hilft es, an einem See oder am Meer zu sitzen und im Schauen still zu werden.

Ich beschreibe in diesem Buch Wege zur Stille und zur Meditation. Ausführlicher und in einem größeren Zusammenhang als in dem Buch „Zeiten der Stille"[*] gehe ich auf die Wege zur Stille und zur Meditation ein, wie sie in der christlichen Tradition geübt wurden. Auf der CD „In die Stille finden"[**] gebe ich einige konkrete Anweisungen zu Stilleübungen.

Es ist wichtig, die beiden Begriffe „Schweigen" und „Stille" auseinanderzuhalten.

Schweigen

Schweigen meint ein Tun des Menschen. Der Mensch übt sich darin, seinen Mund zu halten und nicht nur äußerlich, sondern auch innerlich zu schweigen. Das ist schwierig. Die frühen Mönche haben den Weg dorthin genau beschrieben. Er besteht darin, dass man alle immer wieder auftau-

---
[*] Claudius Verlag, München 2006.
[**] Claudius Verlag, München 2008.

chenden Gedanken zum Schweigen bringt. Das äußere Schweigen ist noch einfach. Schwieriger wird es, die Gedanken, die ständig im Kopf herumschwirren, zum Schweigen zu bringen. Für die Mönche besteht dieses Schweigen vor allem in dem Verzicht, alles zu bewerten. Bevor wir uns bewusst werden, werten wir, was wir erleben. Wir bewerten unsere eigenen Gedanken und Gefühle. Und wir bewerten die Menschen, denen wir begegnen. Sofort bilden wir uns ein Urteil über sie. Wir stecken sie in irgendwelche Schubladen.

Die alten Mönche wissen von Mitbrüdern, die zwar äußerlich schweigen, deren Herz jedoch ununterbrochen redet, weil sie ständig über andere urteilen. Sich einzuüben, auf dieses Urteilen zu verzichten, ist ein langwieriger Weg, der vollständige Aufmerksamkeit erfordert. Im 4. Jahrhundert kommt ein junger Mönch zum Altvater Besarion und fragt ihn: „Was soll ich tun?" Der Greis antwortete ihm: „Schweige und miss dich nicht mit anderen!" (Apo 165) Und auf die Frage des Altvaters Poimen: „Sage mir, wie ich Mönch werde!" antwortet Altvater Joseph: „Wenn du Ruhe finden willst, hier und dort, dann sprich bei jeder Handlung: Ich – wer bin ich? Und richte niemanden!" (Apo 385)

Wir können nur schweigen, wenn wir darauf verzichten, über andere zu richten und uns mit andern zu vergleichen. Wir können nichts dagegen tun, dass die Gedanken des Urteilens und Sichvergleichens in uns auftauchen. Aber wir müssen sie immer wieder loslassen und zum Schweigen bringen. Schweigen ist vor allem Verzichten auf das Bewerten und Urteilen. Das muss mühsam erlernt werden. Bis sie wirklich innerlich still werden, üben die Mönche jahrelang diesen Weg des Schweigens.

Stille

Stille ist uns vorgegeben. Stille ist ein Zustand, den wir wahrnehmen. Die Stille umgibt uns. Es kommt nur darauf an, dass wir die Stille, die uns von außen begegnen möchte, nicht mit dem eigenen Lärm übertönen und so überhören. Eine Landschaft ist still, eine Kirche atmet Stille und in unserer Wohnung ist es oft ganz still, wenn kein Geräusch von außen her in sie dringt. Oder wir sagen von einem Menschen, dass er still ist. Auch wenn er spricht, geht von ihm Stille aus. Er ruht in sich. Andere, die vielleicht gar nichts sagen, sind dagegen voller Unruhe. Wenn wir neben ihnen im Konzert oder in der Kirche sitzen, spüren wir die innere Unruhe.

Stille ist eine Qualität, die uns gut tut. Stille ist reines Sein. Da ist etwas, das sich selbst nicht in den Mittelpunkt stellt. Da ist jemand, der darauf verzichtet, sich interessant zu machen. Er *ist einfach da.*

Stille ist mehr als das Fehlen von Geräuschen. So atmen wir die Stille durchaus auch im Gebirge, wenn wir nur das Rauschen des Baches wahrnehmen. Das Rauschen ist ein Geräusch, aber es stört die Stille nicht, sondern macht sie eher hörbar. Stille und Ruhe hängen miteinander zusammen. Wenn ich über Wege zur Stille schreibe, dann gehe ich davon aus, dass ich die Stille nicht schaffen muss. Die Stille ist vor mir und unabhängig von mir da.

Stille erleben wir jedoch nicht nur äußerlich, sondern auch innerlich. In uns gibt es einen Raum der Stille. Auch dieser Raum existiert unabhängig von unserem Tun, von unserem Schweigen oder Lärmen.

Es geht darum, Zugang zu diesem inneren Raum der Stille zu gewinnen. In der geistlichen Tradition gibt es viele Wege, auf denen wir Zugang zur inneren und äußeren Stille finden können. Ich möchte mit den natürlichen Wegen beginnen, die jedem zur Verfügung stehen, und dann zu den Methoden übergehen, wie sie im Laufe der geistlichen Tradition entwickelt worden sind.

Mit allen Sinnen leben

Bevor ich auf die Methoden eingehe, die vor allem die frühen Mönche entwickelt haben, um innerlich still zu werden, möchte ich die fünf Sinne beschreiben. Jeder Mensch ist mit fünf Sinnen ausgestattet, auch wenn sie jeder auf verschiedene Weise benutzt. Der Kopf ist immer voller Unruhe und Lärm. Um frei zu werden von den vielen Gedanken, die uns belästigen, ist es gut, sich auf die Sinne einzulassen, denn die Sinne führen uns in die Stille. Sie sammeln den unruhigen Geist und binden ihn an den Leib. Seit jeher waren die Sinne ein wichtiger Ort der Gotteserfahrung und ein zentraler Ort, das Leben zu spüren. Dieses Spüren führt in die Stille. Indem wir uns auf einen Sinn einlassen, werden wir frei von der Fixierung auf das immer unruhige Denken. In unseren Sinnen sind wir ganz bei uns und in uns.

Wenn ich im Recollectiohaus Priester und Ordensleute für drei Monate geistlich begleite, versuche ich immer zu erspüren, was für den Einzelnen gut ist. Für manche ist es gut, sich eine Disziplin aufzuerlegen und jeden Morgen mit der Meditation anzufangen und am Abend nochmals kurz in die Kapelle zu gehen. Andere Ordensleute haben schon lange meditiert, spüren nun aber einen inneren Widerstand dagegen. Gemeinsam schauen wir den Widerstand an und hören darauf, was er uns sagen will. Ist er ein Zeichen dafür, dass ich Abschied nehmen soll von zu hohen Erwartungen an die Meditation und an mein eigenes geistliches Leben? Ist er eine Herausforderung, einfach in Treue weiterzumachen? Oder aber will er mir sagen, dass diese Form von Meditation momentan nicht an der Reihe ist, dass ich etwas anderes ausprobieren soll, was mir mehr entspricht? Das geistliche Leben braucht zwar Disziplin. Aber es muss auch für mich stimmen. Es soll mir auch Freude bereiten. Ich muss gerne in die Stille gehen. Sonst bringt sie mir nicht viel. Manchmal muss ich den strengen Weg der Meditation lassen, um meinen eigenen spirituellen Weg zu entdecken.

*

Mit allen Sinnen leben, dazu rate ich Menschen, die mit den traditionellen Methoden der Meditation Schwierigkeiten haben. Sie sollen gar keine bestimmte Art der Meditation üben, sondern einfach langsam und bewusst spazieren gehen und dabei mit allen Sinnen wahrnehmen, was sie erleben. Es geht nicht darum, sich viel vorzunehmen. Die Übung besteht gerade darin, in aller Freiheit einfach nur bei sich zu sein, in den eigenen Sinnen zu sein und die Welt mit allen Sinnen zu erleben.

Eine konkrete Übung könnte so aussehen: Ich versuche, die ersten 10 Minuten beim Wandern nur zu *schauen*. Was sehe ich da? Ich nehme die Landschaft wahr, die Wiesen, die Felder, die einzelnen Blumen und Bäume. Ich schaue den Himmel an mit seinem Spiel der Wolken. Es ist kein neugieriges Schauen, die Augen sehen nicht dauernd hin und her. Ich bin vielmehr ganz im Schauen. Im Schauen staune ich über die Schönheit der Schöpfung und schaue in der Schönheit der Schöpfung den Schöpfer selbst. Für die Griechen ist das Schauen deshalb der wichtigste Sinn der Gottesbegegnung. Ich schaue nicht als Zuschauer, sondern ich schaue so, dass ich mit dem Geschauten eins werde. Das meint letztlich auch Kontemplation: im Schauen auf das, was mir begegnet, das Geheimnis Gottes schauen, den Dingen auf den Grund sehen und im Grund den Schöpfer selber sehen. Und Kontemplation meint auch: nach innen schauen, das eigene innere Licht erblicken. Das Licht der Sonne führt meinen Blick zum inneren Licht meiner Seele. Dort schaue ich Gott, nicht als bestimmtes Bild, sondern als Urgrund aller Bilder.

Dann kann ich versuchen, 10 Minuten lang nur zu *hören*. Was höre ich, wenn ich lauschend durch die Landschaft wandere? Ich höre das Rauschen des Windes, das Singen der Vögel, das Zirpen der Grillen, das Summen der Bienen. Und ich höre meine eigenen Schritte. Wenn ich ganz im Hören bin, dann höre ich letztlich in all diesen Geräuschen die Stille. Das Rauschen des Windes oder das Plätschern des Baches stört nicht die Stille, sondern macht die Stille vernehmbar. Und manchmal höre ich mitten im Wald nur noch Stille. Das sind wunderbare Augenblicke. Ich höre weder ein Auto irgendwo fahren noch den Lärm eines Flugzeuges. Es ist absolute Stille, wenn der Wind gerade nicht weht. Und dann höre ich wieder leises Rauschen. Es ist wie etwas Zartes, das mir die Stille hörbar werden lässt. Das Hören hat immer etwas Geheimnisvolles an sich. Letztlich höre ich das Unhörbare in dem, was ich höre.

Die nächsten 10 Minuten achte ich nur auf das *Riechen*. Ich rieche die Landschaft, den Duft des Waldes, der abgeernteten Felder, der Sträucher, die am Wegrand stehen. Wenn ich ganz im Riechen bin, werde ich feststellen, wie jede Landschaft einen eigenen Geruch hat und wie die Landschaft anders am Morgen riecht als am Abend, anders nach dem Regen als im Regen oder bei Sonnenschein, im Winter anders als im Frühling, im Sommer und im Herbst. Ich rieche die Vielfalt.

Riechen ist ein sehr emotionaler Sinn. Im Riechen erinnere ich mich an die Gerüche der Kindheit, die für mich wichtig waren, die mir Geborgenheit vermittelten. Aber auch Kränkungen, die ich als Kind erfahren habe, waren oft mit bestimmten Gerüchen verbunden. Wenn ich im Riechen bin, hören die Gedanken auf, in mir herumzuflattern. Dann bin ich ganz in meinem Sinn, im Leib und nicht im Kopf. Das Riechen bringt mich in Berührung mit intensiven Erfahrungen meiner Kindheit. Wenn ich Heu rieche, dann ist in mir immer der erste Urlaub präsent, als ich als Kind auf einem Bauernhof war. Da habe ich diesen besonderen Duft des Heus gerochen. Ich weiß nicht bewusst, was alles ich mit diesem Geruch verbinde. Aber ich ahne: Der Geruch ruft in mir das Gefühl von Freiheit und das Gefühl von Geborgenheit hervor. Und zugleich ist in diesem Geruch eine Ahnung von Transzendenz, von Geheimnis. Offensichtlich hat Gott selbst mich als Kind in diesem Geruch berührt.

Dann versuche ich, nur *in meiner Haut zu sein.* Ich spüre den Wind, der mich manchmal zärtlich streichelt und mich dann wieder durchweht. Ich spüre die Wärme der Sonne auf meinem Gesicht. Ich bleibe stehen, um das Geheimnis Gottes in der Schöpfung zu erspüren. Ich breite die Arme aus und spüre mit offenen Händen die Sonne und den Wind. Ich lasse mich vom Wind berühren, von der Sonne bestrahlen und durchdringen. Das tut mir gut. Oder ich berühre die Blumen, die Gräser, einen Baum. Indem ich ganz in der Berührung bin, komme ich zur Ruhe. Ich spüre nur noch. Ich bin ganz im Ertasten. Das macht mich still. Wenn ich ganz im Berühren bin, rühre ich an etwas, das größer ist als ich selbst. Ich gebe mich nicht damit zufrieden, die einzelnen Tasterlebnisse zu vergleichen oder gar naturwissenschaftlich auszuwerten. Ich berühre in den Dingen das Unberührbare, das Geheimnis schlechthin. Dann wird durch die einfache Berührung alles um mich herum still. Alles schweigt und spricht nur von dem Unaussprechlichen.

Wenn ich mit allen Sinnen durch die Natur wandere, dann hört das laute Getöse der vielen Gedanken auf. Ich bin vielmehr im Schauen, im Hören, im Riechen und im Tasten. Die Gedanken sind dabei durchaus noch wach, etwa wenn mir im Riechen bestimmte Gerüche der Kindheit einfallen. Aber ich grüble nicht nach. Meine Gedanken gehen nicht überallhin spazieren. Ich bin im Augenblick. Ich bin in meinen Sinnen. Und so werde ich still. Die Sinne binden meinen unruhigen Geist und führen mich in die Stille.

Für viele Menschen ist das Gehen in der Natur ein wichtiger Weg zur Stille und zur Begegnung mit Gott, der ihnen in der Schöpfung sichtbar, hörbar, riechbar, ertastbar entgegenkommt.

Naturbetrachtung
(Wasser, Baum, Landschaft)

Mit wachen Sinnen durch die Schöpfung zu gehen, ist eine Art, in der Natur zur Stille zu kommen. Es gibt aber noch andere Weisen, in der Natur die Stille zu erfahren. Viele Menschen finden ihren Lieblingsort in der Natur. Sie setzen sich auf eine bestimmte Bank unter einem Baum und blicken von dort in die Landschaft.

Manche Orte sind von einem tiefen inneren Frieden erfüllt. Wenn ich an „meinen" Ort gehe und mich hinsetze und in die Landschaft schaue, erfüllt mich dieser tiefe innere Frieden. Ich habe den Eindruck, dass die Landschaft selbst voller Zärtlichkeit und Frieden ist. Ich schaue auf die Felder, auf die Dörfer und Kirchtürme und es entsteht das Gefühl von Geborgenheit und Heimat, von Aufgehobensein, Getragensein, Verwurzeltsein. Das lässt mich still werden.

Manchmal sind es Kraftorte, die einem Menschen gut tun. Sie haben eine ganz bestimmte Ausstrahlung. Warum das so ist, wissen wir nicht. Aber es sind Orte, die uns unmittelbar ansprechen, die uns das Gefühl geben, von etwas Größerem umgeben zu sein. Marc de Smedt schreibt von diesen Kraftorten: „Wenn man auf Reisen ist, wenn man spazieren geht, trifft man auf seinem Weg stets auf

Stätten, die ein intensives Gefühl hervorrufen, das man zumeist absolut nicht definieren könnte. Es gehört in den Bereich des Unaussprechbaren, des Nicht-Mitteilbaren. Es nimmt das ganze Wesen ein und löst einen subtilen, geheimnisvollen Eindruck aus ... Was ist das? Die überwältigende Kraft der Schönheit? Die Seele der Natur, die mit uns eins wird? Die Heraufbeschwörung der Geschichte? Der Geist des höheren Ortes? All dies zusammengenommen? Jedenfalls prägen sich jene Momente als Ausnahmezustand in die Erinnerung ein, Zustände der Wahrnehmung nicht etwa einer anderen Wirklichkeit, sondern des unsichtbaren Geheimnisses der Wirklichkeit. Momente intensiver Erfülltheit." (de Smedt, 171)

Menschen, die ich begleitet habe, haben mir immer wieder von ihren Lieblingsorten erzählt. Für den einen ist es ein bestimmter Berg, von dem aus er eine wunderbare Aussicht hat. Für den andern ist es ein Jägersitz im Wald, in dem er einfach dem Rauschen des Waldes lauscht. Wieder andere lieben Lichtungen im Wald. Im Spessart habe ich eine Lichtung erlebt, auf der seit alter Zeit ein Hof stand. Ich konnte mich nicht sattsehen an dieser eigenartigen Landschaft und Stimmung. Ebenfalls an einem Kraftort war ich, als ich im Großen Walsertal zu einem Gasthaus in einem engen Tal wanderte, zu einer Lichtung, umgeben von steilen Felswänden und dunklen Wäldern. Es ist ein mystischer Ort mit einer geheimnisvollen Quelle und einer eigenartigen Stimmung.

Wald

Seit jeher hat der Wald eine eigene Wirkung auf den Menschen. Der Wald schafft Geborgenheit. Im Traum steht er für das Unbewusste. Im Wald kommen wir mit Bereichen unseres Unbewussten in Berührung, die wir sonst nicht wahrnehmen. Die Art des Waldes ist für unser Empfinden nicht ohne Einfluss. Buchenwälder etwa geben mir den Eindruck, in einem gotischen Dom zu sein. Eichenwälder geben mir Anteil an der Kraft der Bäume. Fichtenwälder faszinieren mich durch den eigenartigen Geruch. Immer aber lässt der Wald mich Geborgenheit spüren, immer lässt er mich teilhaben an seinem Geheimnis, an seiner Stille, aber auch an seiner Tiefe und Weite.

Was ein Mensch als seinen Ort der Stille erlebt, hängt von den Erfahrungen seiner Kindheit ab. Wo er als Kind am intensivsten Stille erfahren hat, dort wird er sie auch als Erwachsener spüren. Friso Melzer erzählt von seinen und den Erfahrungen seiner Mutter in den weiten Wäldern Schlesiens. Wenn sie da beim Beerensammeln eine Pause machten und die Stille des großen Waldes erlebten, fühlte er sich geborgen. Und so ist in ihm zeit seines Lebens eine große Sehnsucht nach der Stille im Wald geblieben. Die Erinnerung an diese Stilleerfahrungen im Wald hilft ihm auch als Erwachsener, mitten in den Turbulenzen seines Lebens Stille in sich wahrzunehmen. Er schreibt: „Dieses Waldesweben ist dem Knaben wohl zum ersten Erleben der Stille, und zwar der Stille in der Natur, geworden und hat ihn geprägt. Wenn er später, fern dem Walde seiner Kindheit weilend, den Zugang zu jener Stille suchte, da kein Geräusch mehr stört, so ist ihm nichts anderes übriggeblieben, als dass er, wo immer er weilte, sich lang hinlegte, die Augen schloss und im Geist in jenen Wald ging, der ihm aus früher Lebenszeit her vertraut war. Da vergaß er die Welt um sich her, und jene sommerliche Stille umfing ihn mit einem fernen Rauschen." (Melzer, 12)

W*asser*

Für andere ist das Sitzen an einem See oder an einem Fluss etwas Beruhigendes. Viele Menschen haben mir erzählt, dass sie sich mit der Meditation schwer tun. Wenn ich sie dann frage, wo sie als Kind zur Ruhe gekommen sind, erzählen sie oft, dass sie stundenlang am Rhein oder am Main oder an einem anderen Fluss sitzen konnten und nur dem Wasser zugeschaut haben. Ab und zu kam ein Schiff vorbei, aber sonst strömte nur das Wasser ruhig dahin.

Was ist das Beruhigende am Wasser? Beruhigend wirkt einmal das gleichmäßige Fließen eines Flusses oder das Plätschern eines Baches. Aber das Wasser spricht offensichtlich tiefere Schichten unserer Seele an. Nicht ohne Grund kommt das deutsche Wort „Seele" von See. Indem ich am See sitze und ihn betrachte, komme ich mit meiner Seele in Berührung. Im Traum ist Wasser oft ein Bild für das Unbewusste. Im Schauen auf das Wasser schaue ich also auch tief in mich selbst hinein, in die Tiefen meines Unbewussten. Und das Wasser ist Symbol dafür, dass mein Leben nicht vertrocknet.

Auch ich bin immer fasziniert, wenn ich bei Wanderungen an einen Weiher oder an einen See komme. Gerne setze ich mich dann nieder und schaue einfach auf die Wellen. Auch wenn ich um die beruhigenden Gründe weiß, fällt es mir schwer, das Faszinierende genauer zu beschreiben. Wenn ich assoziieren soll, dann fällt mir ein: Ein See mitten in der Landschaft ist die Verheißung, dass mein Leben Frucht bringt. Das Starre wird lebendig. Das Harte wird weich. Und das Wasser, das hin und her schwingt, vermittelt Geborgenheit. Es erinnert mich daran, mich vom Wasser tragen und wiegen zu lassen. Vielleicht erinnert es mich an den Urzustand im Mutterleib, wo ich auch im Wasser geborgen war.

Hilde Schütte hat beobachtet, wie Menschen über einen See schauen. Offensichtlich sind sie fasziniert vom Wasser, das weich ist und ohne scharfe Kanten, geschmeidig und tolerant und das keine Fragen stellt. „Wenn die Menschen am See sitzen, sitzen sie am Element der Versöhnung. Hier wird, wenigstens als Traum, das heftig Gewünschte buchstäblich greifbar: die Aufhebung der Scheidewände, die uns voneinander trennen. Ein Blick auf den See ist ein Blick auf die fernen Horizonte vorbehaltloser Brüderlichkeit." (Stille, 12) Adalbert Stifter schreibt vom Gefühl tiefer Einsamkeit, das er beim Aufstieg zu einem einsamen Bergsee empfand: „Oft entstieg mir ein und derselbe Gedanke, wenn ich an diesen Gestaden saß, als sei es ein unheimlich Naturauge, das mich hier ansehe, tiefschwarz, überragt von der Stirne und der Braue der Felsen und gesäumt von der Wimper dunkler Tannen." (Ebd., 19)

An einem See macht jeder Mensch seine eigenen Erfahrungen. Besonders eindrücklich ist sicher das Angeschautwerden, das In-Berührung-Kommen mit der eigenen Seele. Der See schaut mich an und öffnet mir meine Augen, sodass ich tiefer in mich selbst hineinschaue und dort das Wesen meiner Seele erkenne.

Wie die Idylle eines Bergsees übt auch das Meer seine ganz eigene Faszination auf den Menschen aus. Stundenlang können sie am Ufer sitzen und sich nicht sattsehen an der Weite und Kraft des Meeres. Es ist ein erhabenes Schauspiel, wenn sich bei Sturm die Wellen auftürmen und wieder zusammenbrechen, wie das Meer aufgewühlt wird und dem Beschauer etwas von seiner ungeheuren, auch zerstörerischen, Kraft vermittelt. Andere Menschen lieben es, am Strand entlangzugehen und sich dem Brausen des Meeres auszusetzen. Das ist für sie beruhigend und heilend. In dem berühmten Bild „Der Mönch am Meer" von Caspar David Friedrich wird die unendliche Weite des

Meeres sichtbar. Der Mönch auf dem Gemälde hat teil an dieser Unendlichkeit.

Nicht nur der See und das Meer, sondern auch der Fluss hat seine eigene Faszination. Wenn ich auf das Fließen des Flusses schaue, kommen mir verschiedene Gedanken: Alles relativiert sich. Alles ist im Fluss. Ich kann nichts festhalten. Aber auch die Probleme relativieren sich. Sie fließen weiter und verflüchtigen sich. Und ich spüre, dass der Fluss, auf den ich schaue, seit Jahrtausenden hier vorbeifließt. Er hat die Geschichte gesehen und überlebt. Er fließt und ist doch immer der Gleiche. So zeigt mir der Fluss das Geheimnis meines Lebens, meiner Geschichte. Der Fluss wird sein, auch wenn ich nicht mehr lebe. Aber er ist auch die Verheißung, dass er mich ans Ziel trägt, in Gott hinein, in dem mein Weg mündet. Das Fließen des Flusses hat etwas Beruhigendes an sich. In die aufgewühlten Gefühle zieht Ruhe ein. Ich komme zur Stille.

In der Bibel hat vor allem der Fluss Jordan eine tiefe Bedeutung. Am Jordan tauft Johannes. Unzählige Menschen, die beladen sind von Schuld, die erdrückt sind von ihrem Leben, kommen zu Johannes, um sich von ihm taufen zu lassen. Sie steigen in den Fluss hinab und lassen sich gleichsam von seinen Fluten reinwaschen. Und sie steigen wie neugeboren aus dem Jordan heraus. Sie lassen die Last ihres Lebens im Fluss. Als Jesus in den Jordan steigt, um sich von Johannes taufen zu lassen, da öffnet sich der Himmel über ihm und eine Stimme erschallt: „Du bist mein geliebter Sohn, an dir habe ich Gefallen gefunden." (Markus 1,11) Was in der Taufe Jesu geschehen ist, das ersehnen wohl viele Menschen, die sich an den Fluss setzen, auch für sich. Letztlich möchten sie, dass die Fluten des Wassers alles mitreißen, was sie an Ballast mit sich herumschleppen. Sie wollen reingewaschen werden. Sie möchten mit dem ursprünglichen Bild in Berührung kommen, das Gott sich von ihnen gemacht hat. Sie sehnen sich danach, dass sich auch über ihnen der Himmel öffnet und sie erfahren, dass sie bedingungslos geliebt sind. Und sie möchten als neue Menschen nach Hause gehen, erfrischt, gereinigt, erneuert vom Geist Gottes, der wie Wasser ist, das immer fließt.

*B*erge

Für mich selber ist das Bergsteigen ein guter Weg, zur Stille zu kommen. Beim Aufstieg kann ich nicht sprechen. Ich bin so mit meinem Atem und mit Schwitzen beschäftigt, dass ich still werden muss. Das stille Gehen bringt mich innerlich zur Ruhe. Wenn ich dann nach anstrengender Wanderung am Gipfel ankomme, dann erlebe ich immer ein Gefühl von Freiheit und Weite. Ich schaue einfach in die Weite. Es ist mehr als die Befriedigung, eine große Leistung geschafft zu haben. Ich nehme die Erhabenheit der Berglandschaft wahr. Jeder Berg hat seine eigene Faszination, von jedem Berg schaue ich in eine andere Landschaft. Aber jeder Berg hat auch seine ganz eigene Ausstrahlung.

In der Tradition gibt es nicht ohne Grund heilige Berge. Jesus ist mit seinen drei auserwählten Jüngern auf einen Berg gestiegen und dort wurde er vor ihren Augen verklärt. Auf dem Berg wurde den Jüngern das Geheimnis Jesu klar. Da leuchtete auf einmal Gottes Herrlichkeit in ihm auf. Im Tal hatten sie dieses Leuchten übersehen. Jetzt auf dem Berg strahlt es ihnen entgegen. Nun können sie es nicht mehr leugnen. So ist jeder Berg eine Verheißung, dass sich auch in unserem Leben etwas verklärt, dass etwas klarer wird und wir uns selbst und Gott näher kommen.

Auf einem Berg hat Jesus seine große Predigt gehalten, die Bergpredigt (Matthäus 5-7). Weit über dem Tal des alltäglichen Lebens stehend, hat Jesus in der Bergpredigt den Menschen einen Weg gewiesen, wie ihr Leben gelingen kann. Matthäus hat die Bergpredigt bewusst der Erfahrung des Mose auf dem Berg Sinai gegenübergestellt. Auf dem Berg hat Mose die 10 Gebote als Weisung in die Freiheit von Gott empfangen. Jesus zeigt in der Bergpredigt, wie wir die wahre Freiheit erlangen können, die Freiheit von uns selbst. Der Berg, von dem aus wir die weite Landschaft überblicken können, vermittelt schon etwas von dieser Freiheit. Und der Berg lässt uns Gottes Nähe intensiver wahrnehmen. Auf dem Berg fühlen sich die Menschen näher bei Gott. Da berührt sie eine Stille, die sie selber nicht machen können. Sie begegnet ihnen von außen. Sie müssen nur selbst still werden, um diese Stille der Berge erfahren zu können.

In meinem letzten Urlaub im Großen Walsertal hielt ich für etwa 700 Menschen eine Bergmesse auf einer Alpe, von der man eine wunderbare Aussicht in das ganze Tal und zu den vielen Gipfeln hatte. Es war ein besonderer Ort, um dort Eucharistie zu feiern. Die Leute saßen nicht nur auf Bänken, sondern auch im Gras und auf dem Hang. Ich wurde an die Bergpredigt erinnert. Als wir dann zum Abschluss alle „Großer Gott, wir loben dich" sangen, standen vielen die Tränen in den Augen. Sie spürten das Erhabene dieser Gegend. Bergmessen werden immer beliebter. Während die Kirchen immer leer bleiben, machen sich viele Menschen auf den Weg, um in einer schönen Berglandschaft, inmitten der Natur, einen Gottesdienst zu feiern. Dort erleben sie die Nähe Gottes. Und sie erleben eine Stille, die sie fasziniert. Manche Priester tun das als Modeerscheinung ab. Doch offensichtlich entspricht es einer tiefen Sehnsucht der Menschen. Und es ist gut, wenn wir dieser Sehnsucht gerecht werden. Die Natur, von Gott geschaffen und von Gottes Geist beseelt, ist ein wichtiger Ort der Gotteserfahrung. In der Eucharistie werden Gaben dieser Schöpfung Gott hingehalten, damit sein Geist sie verwandle in den Leib und das Blut Jesu Christi. In dieser Verwandlung wird deutlich, dass die ganze Schöpfung von Gottes Geist erfüllt ist. Die Eucharistie wirft ein neues Licht auf das Geheimnis der Schöpfung. Sie ist ganz und gar von Christus durchdrungen. In einer Bergmesse wird diese tiefe Verbindung zwischen Christus und der Schöpfung offenbar. Wenn wir Christus in der Kommunion empfangen in den Gestalten von Brot und Wein, dann öffnet uns das die Augen, Gottes Geist in allem wahrzunehmen, was wir in der Schöpfung sehen. In der Natur umgibt uns Gottes Geist. Und die Natur lädt uns ein, uns in Gottes guten Händen bergen zu lassen. Wenn wir uns einfach auf eine Bank setzen und auf die Schönheit der Berge schauen, dann fühlen wir uns von Gottes Liebe umgeben. Dann wird unser Herz still. Wir müssen die Stille nicht schaffen. Sie umgibt uns in der Erhabenheit der Bergwelt. Für viele Menschen ist das heute der wichtigste Weg, auf dem sie still werden und die Last des Alltags loslassen können.

Schon Johannes vom Kreuz, der große spanische Mystiker, spricht von den heiligen Bergen. Und er spricht von den geliebten Bergen. Sie faszinieren ihn nicht nur, wenn er sie bestiegen hat, sondern auch wenn er sie von unten betrachtet und bestaunt. Der nach oben auf die wunderbaren Gipfel der Bergwelt gerichtete Blick öffnet seine Sinne für Gott. Im Berg erahnt er seinen zutiefst Geliebten: Jesus Christus, den Grund aller Schöpfung.

Besondere heilige Berge gibt es in allen Kulturen. Sie waren seit jeher Ziel der Menschen. Hier suchten sie die Nähe Gottes besonders intensiv zu erleben und eine besondere Art von Stille zu erfahren, denn heilige Berge sind immer von Stille umgeben.

Wüste

Noch andere Orte in der Natur laden zur Stille ein. Die Wüste mit ihrer unendlichen Weite und Leere ist ein solcher Ort der Stille. Aber es ist eine nicht nur wohltuende Stille, oft genug ist sie erschreckend. Wenn nichts uns ablenkt, sind wir umso stärker auf uns selbst geworfen. Die Stille der Wüste fordert uns heraus, den eigenen Lärm in unserem Innern loszulassen, uns an nichts mehr festzuhalten, weder an Worten, noch an der Musik, noch am Lärm. Die Wüste kann nur aushalten, wer sich der Stille öffnet. Dann wird sie für ihn zum Segen.

Bereits die frühen Mönche sind in die Wüste gezogen. Das hatte verschiedene Gründe. Unter anderem waren sie sie dort ungestört und nicht abgelenkt durch die Zerstreuungen des Lebens. Heute übt die Wüste eine neue Faszination für die Menschen aus. Zahlreiche Reiseunternehmen haben sich auf Wüstenreisen spezialisiert.

In der Bibel hat die Wüste eine besondere Bedeutung. Israel zog durch die Wüste in das Gelobte Land, in das Land der Freiheit. Die Wüste war einmal für das Volk der Ort der besonderen Nähe Gottes. Der Prophet Hosea spricht von der Wüstenzeit als der Zeit der ersten Liebe zwischen Israel und seinem Gott: „Als Israel jung war, gewann ich ihn lieb, ich rief meinen Sohn aus Ägypten ... Mit menschlichen Fesseln zog ich sie an mich, mit den

Ketten der Liebe. Ich war da für sie wie die Eltern, die den Säugling an ihre Wangen heben." (Hosea 11,1.4) Aber die Wüste war auch der Ort der Versuchung, der Ort, an dem das Volk gegen Gott murrte und sich nach den Fleischtöpfen Ägyptens zurücksehnte.

Auch für Jesus war die Wüste ein Ort der Versuchung. Er hat in der Wüste die Grundversuchung des Menschen an sich erfahren und sie bestanden. Die Wüstenerfahrung hat ihn befähigt, richtig von Gott zu sprechen und sich seinem Auftrag zu widmen. Sie hat ihn von der Versuchung befreit, Gott für sich zu benutzen, um durch seine Predigt vor den Menschen gut dazustehen. Weil Jesus in der Wüste seiner eigenen Wahrheit begegnet ist, konnte er auch vom wahren Gott sprechen, von dem Gott, der uns in die Wahrheit führt und uns befreit von allen Illusionen, die wir uns über unser Leben machen.

*

Die Natur ist heute für viele Menschen zum Ort der Stilleerfahrung geworden, und zwar hauptsächlich aus zwei Gründen. Zum einen ist die Natur etwas, das uns vorgegeben ist und uns zugleich fasziniert. Die Natur ist von ihrem Wesen her still, selbst wenn der Gebirgsbach noch so laut rauscht. Wir brauchen uns nur einzulassen auf das, was uns umgibt. Wenn wir uns von der Schönheit der Schöpfung berühren lassen, haben wir teil an ihrer Stille. Es gibt noch einen anderen Grund, warum Menschen in der Natur nach der Stille suchen: Die Natur bewertet nicht. In der Natur darf ich sein, wie ich bin. Ich bin getragen, ich gehöre dazu. Das Leben, das ich in der Natur spüre, ist auch in mir. Der Grund, warum viele Menschen nicht zur Ruhe finden, ist ihr innerer Richter. Überall, wo sie sind, meldet sich dieser innere Richter zu Wort. Er bewertet und beurteilt alles, was wir denken und tun. Die Natur bewertet nicht. Wenn wir uns auf sie einlassen, dann wird der innere Richter in uns entmachtet. Wir dürfen einfach sein. Das macht uns frei und still.

Sitzen – Stehen – Gehen

Sitzen

Die frühen Mönche definierten sich als die, die im Kellion (Zelle) saßen. In fast allen Religionen ist das Sitzen die eigentliche äußere Form der Meditation. Das Sitzen führt zur Ruhe. Häufig wird das Sitzen mit dem Atem verbunden. Die hinduistischen Yogis sitzen auf einem Stein mitten in der Natur und geben sich ganz dem Atem hin. Sie denken nichts. Sie folgen nur dieser einen Bewegung des Atems. Auch in der Zen-Meditation geht es darum, alle Gedanken loszulassen und sich nur dem Atem zu überlassen. Das kann ein guter Weg sein, still zu werden. Dabei ist nicht nur die Haltung wichtig, sondern auch der Ort, an dem ich sitze, und die Art und Weise, wie ich sitze. Im Lotossitz des Zen sitze ich auf einem flachen Kissen und lege die Füße in die Oberschenkel. Viele Menschen empfinden diese Sitzhaltung als zu anstrengend. Und der Erfolg der Meditation hängt auch nicht davon ab. Ich kann in jeder Sitzhaltung meditieren. Allerdings hat es sich als gut herausgestellt, aufrecht zu sitzen, gleichsam in seinem Becken zu thronen. So bleibt man wach.

Viele Menschen, die nach der Stille suchen, sind

fasziniert von den genauen Anweisungen, die die Zen-Tradition zur *Sitzposition* gibt. Im Christentum fehlen solche genauen Beschreibungen. Die frühen Mönche definierten sich zwar als die, die im Kellion sitzen und in richtiger Weise dort sitzen. Aber was die richtige Weise ist, wird nicht beschrieben. Zwei Bilder geben Aufschluss: Der Mönch soll sitzen wie auf einem Tiger und er soll sitzen wie ein Steuermann auf dem Schiff. Diese Bilder finde ich schön.

Das erste erinnert uns daran, dass ein ruhiges Sitzen nicht einfach bedeutet, sich auszuruhen. Aufrecht sitzen kann ich nur, wenn ich auf dem Tiger meiner Leidenschaften reite. Ich muss um die leidenschaftliche Bestie unter mir wissen. Ich kann nur ruhig auf ihr sitzen, wenn ich sie beherrsche und mich nicht von ihr beherrschen lasse. Ich vermag auf dem Tiger nur dann ruhig zu sitzen, wenn ich mich mit ihm vertraut gemacht habe, wenn ich das Wilde in mir gezähmt habe.

Und ich soll sitzen wie ein Steuermann. Das Leben gleicht einer Fahrt auf einem schwankenden Schiff. Mitten in den Wellen und Wogen meines Lebens kann ich ruhig sitzen. Ich weiß beim Sitzen, dass ich mitten in den Gefahren meines Lebensschiffes einen festeren Grund unter mir habe, auf dem ich thronen kann: Gott selbst, der mir mitten in den Wellen und Wogen Halt gibt. Vielleicht hatten die Mönche bei diesem Bild die Geschichte vom Seesturm im Blick. Das Boot der Jünger wird von den Wellen und Wogen des Sees hin- und hergeworfen. Jesus liegt schlafend hinten im Boot auf einem Kissen. Ihm kann das Tosen nichts anhaben. Doch als die Jünger ihn aufwecken, steht er auf und gebietet dem Sturm und dem See: „Schweig, sei still! Und der Wind legte sich, und es trat völlige Stille ein." (Markus 4,39) Im Griechischen heißt es hier: „Es ward eine große Stille." Dort, wo Jesus in uns herrscht, dort können wir mitten in den Turbulenzen unseres Lebens die große Stille erfahren. In dieser Stille kommen die Bedrängnisse zur Ruhe. Wir sind ganz wir selbst. Und wir sind ganz frei.

Es ist gut, sich einen eigenen *Ort* für das sitzende Meditieren auszusuchen. Ich habe mir in meiner Klosterzelle eine eigene Sitzecke reserviert. Vor einer Christusikone habe ich eine Kerze aufgestellt. Davor sind ein kleiner Teppich und mein Meditationsbänkchen. Wenn ich dort sitze, bin ich geschützt vor der Unordnung in meinem Zimmer, vor den Büchern, dem Computer und allem, was ich in meinem Zimmer habe. Für manche Menschen ist dieser besondere Ort zum Meditieren der Lieblingssessel mit Ausblick in die freie Natur. Für andere ist es eine eigene Meditationsecke, die sie liebevoll gestaltet haben. Es ist etwas Besonderes, sich dorthin zurückzuziehen. Ich könnte mir nicht vorstellen, vor meinem Schreibtisch sitzend zu meditieren. Da brauche ich schon einen bequemen Stuhl und eine Umgebung, die mich nicht ablenkt. Es ist gut, an die Wand zu schauen oder auf ein Bild oder das Kreuz, das an der Wand hängt. Wir brauchen etwas, was unsern Geist sammelt.

Es ist gut, eine gewisse *Regelmäßigkeit* in dieser Meditationsübung durchzuhalten. Am besten eignet sich der Morgen dazu. Dann ist alles frisch. Wenn ich morgens meditiere, beginnt der Tag gut. Und ich habe das Gefühl, dass ich selbst den Tag gestalte. Ich beginne ihn so, wie es für mich stimmig ist. Viele Menschen sind nach einem Meditationskurs begeistert von der morgendlichen Meditation und wollen sie für sich durchhalten. Doch schon nach kurzer Zeit erleben sie, dass es ihnen nicht gelingt. Oft sind sie am Morgen zu müde oder irgendetwas kommt dazwischen. Es ist nicht leicht, aber doch wohl der einzige Weg, bei allen äußeren Unregelmäßigkeiten dennoch täglich treu die Übung der Meditation durchzuhalten. Allerdings soll man sich in der Meditationsübung auch nicht versklaven. Graf Dürckheim, dem ich viel verdanke, meinte immer: Wir sollten uns bewusst einen Tag als Ausnahme gönnen, an dem wir mit gutem Gewissen nicht meditieren. Das ist besser, als jeden Tag meditieren zu wollen und sich ständig mit dem schlechten Gewissen zu plagen, wenn ich doch nicht immer dazu komme. Die Regelmäßigkeit entlastet mich. Ich muss mich nicht immer neu entscheiden, ob ich meditiere oder nicht.

Es gibt bei jedem spirituellen Weg immer auch Phasen, in denen ich *keine Lust habe zu meditieren*. Dann muss ich mich nicht zwingen, auf jeden Fall zu meditieren. Vielmehr soll ich mich fragen, was der Widerstand mir sagen möchte. Soll ich meine Erwartungen an die Meditation zurückschrauben?

Meditation ist etwas Alltägliches. Ich kann nachher nicht immer wahrnehmen, ob sie mir etwas gebracht hat. Das ist auch gar nicht wichtig. Ich übe sie, ohne allzu hohe Erwartungen an sie zu haben. Es kann aber auch sein, dass mir der Widerstand signalisiert: Du hast dir etwas übergestülpt, was gar nicht zu dir passt. Vielleicht solltest du lieber einen anderen Weg gehen, um zur Stille zu finden. Vielleicht willst du nur diesen oder jenen Meditationsmeister nachahmen. Aber du musst deinen eigenen Weg finden. Wenn es dein Weg ist, gehst du ihn auch gerne. Natürlich braucht er auch Disziplin. Aber die Grundstimmung wird die Freude auf die Übung sein.

Viele geistliche Autoren empfehlen, das aufrechte Sitzen mit dem *bewussten Atmen* zu verbinden. Beim Ausatmen kann ich mir vorstellen, wie ich alle Gedanken, die immer wieder auftauchen, loslasse. Zwischen Ausatmen und Einatmen ist ein kurzer Augenblick, in dem ich weder aus- noch einatme. Graf Dürckheim meinte einmal, dieser Augenblick sei der wichtigste: Da geht es um Leben und Tod, da geht es darum, ob ich auch in der Übung an mir selbst festhalte oder ob ich mich in Gott hinein loslasse.

Viele Menschen sind bei der Meditation zu sehr auf ihr eigenes Tun und Üben fixiert. In diesem kleinen Augenblick zwischen Ausatem und Einatem, in dem nichts geschieht, in dem es ganz still ist, geht es aber darum, alles Wollen loszulassen. Nach dem kurzen Augenblick, in dem ich weder aus- noch einatme, soll ich den Einatem einfach einfließen lassen. Der Einatem kommt von selbst, ich muss ihn nicht selber einziehen. Ich kann mir vorstellen, wie in ihm frische Luft in mich einströmt. Ich kann diese Vorstellung aber auch mit dem biblischen Bild verbinden, dass im Atem Gottes Geist in mich einströmt und alles in mir erneuert.

Sitzen meint im spirituellen Zusammenhang weit mehr als den Meditationssitz. Angesichts dessen, was die Bibel über das Sitzen sagt, könnte man geradezu von einer eigenen „Theologie des Sitzens" sprechen. Jesus verheißt seinen Jüngern, dass sie auf zwölf Thronen sitzen werden (vgl. Matthäus 19,28). Sitzen ist also Thronen. Der thronende Herrscher ist ein Bild dafür, dass ich über mich selbst herrsche, dass ich Herr im eigenen Haus meiner Seele bin und nicht von den Leidenschaften oder Gedanken beherrscht werde. Ein weiteres Sitzen kennt die Bibel: Hiob sitzt in seiner Asche und betrauert sein Schicksal (Hiob 2,8). Sitzen kann also auch Zeichen von Trauer sein. Ich betraure die Defizite meines Lebens, nicht um in der Trauer stecken zu bleiben, sondern um durch sie hindurch an das eigentliche Potenzial meiner Seele zu gelangen. Und die Bibel kennt das Sitzen als Ausdruck des Hörens. Maria sitzt Jesus zu Füßen und hört auf das, was er ihr zu sagen hat (Lukas 10,39). Wer ruhig auf seinem Stuhl oder in seinem Sessel sitzt, der ist ganz Ohr. Er ist offen für die Worte, die er hört, für die Musik, die in ihn eindringt. Und er ist auch offen für die Stille, die er vernehmen kann. Die Bibel weiß schließlich auch um das Sitzen als Möglichkeit des Nachdenkens. Bevor der Mensch eine Entscheidung für einen Bau trifft, soll er sich zuerst hinsetzen und nachdenken, ob die Mittel dazu reichen (Lukas 14,31).

Für mich ist es schließlich wichtig, mich im Gottesdienst beim Hören der Lesung aufrecht hinzusetzen und die Worte mit dem ganzen Leib in mich aufzunehmen.

Stehen

Meditation ist nicht auf das Sitzen beschränkt. Die Bibel hat auch eine eigene Theologie des Stehens und des Gehens entwickelt. Im Alten Testament heißt das Stehen vor Gott, bereit zu sein, das zu befolgen, was Gott mit dem Menschen vorhat. Oder der Fromme darf im Heiligtum vor Gott stehen, denn Gott hat ihn aufgerichtet. Und Gott steht uns zur Rechten, daher wanken wir nicht und können aufrecht stehen (Psalm 16,8). Wenn es uns schlecht geht, sollen wir all unsere Sorgen auf den Herrn werfen, er hält uns aufrecht (Psalm 55,23).
Aber es gibt auch das Herumstehen, bei dem man nicht weiß, was man tun soll (Matthäus 20,6). Manche Menschen stehen nicht zu sich selbst. Sie möchten sich am liebsten vor den andern verstecken. Einen solchen Mann, der sich nur anpasst, um ja nicht aufzufallen, fordert Jesus auf: „Stell

dich in die Mitte!" (Lukas 6,8) Er muss lernen, vor andern zu sich selbst zu stehen und seinen Stand zu behaupten.

Stehen ist im Judentum und auch im frühen Christentum die eigentliche Haltung des Betens. Man steht zum Gebet (Lukas 18,11) Vor allem Paulus liebt das Wort „stehen". Er spricht davon, dass wir in der Gnade stehen (Römer 5,2), dass wir im Glauben feststehen (Römer 11,20). Menschen, die meinen, sie würden gut dastehen und hätten einen festen Stand im Glauben, mahnt er: „Wer also zu stehen meint, der gebe acht, dass er nicht fällt." (1 Korinther 10,12)

Glauben ist gleichbedeutend mit Stehen, in Gott stehen, in Gott verwurzelt sein. Wie ein Baum in der Erde feststeht, so sollen wir im Glauben feststehen, damit wir nicht umfallen, wenn Bedrängnisse über uns kommen. Aber wir stehen nicht nur im Glauben, sondern auch im Herrn (1 Thessalonicher 2,8). Wir stehen in einer größeren Wirklichkeit. Wir stehen auf einem Grund, der uns trägt. Stehen bedeutet immer eine gespannte Aufmerksamkeit und die Bereitschaft, uns auf den Weg zu machen und das, was Gott uns zumutet, in die Hand zu nehmen.

Stehen und Stellen haben Bedeutung für die Stille. Still wird ein Mensch, der stehen bleibt, der aufhört, weiter vor sich selbst davonzulaufen. Das können wir ganz einfach im Trubel unseres Alltags einüben: stehen bleiben und innehalten und uns fragen: Was kommt dann in mir hoch? Eine weitere ganz leichte Übung für den Alltag besteht darin, dass ich mir im Stehen Sätze aus der Bibel vorsage wie: „Ich habe den Herrn beständig vor Augen. Er steht mir zur Rechten. Ich wanke nicht." (Psalm 16,8) Indem ich dieses Wort in mich eindringen lasse, spüre ich etwas von dem Geheimnis des Stehens: Ich kann zu mir stehen. Ich kann in mir selbst stehen und für mich einstehen, weil Gott selbst mir zur Rechten steht. Gott steht zu mir, daher kann auch ich stehen. Wenn ich die Haltung des Stehens einübe, dann gibt mir die Haltung Halt. Und das Stehen bringt mich zur Stille. Ich bleibe stehen, um die Stille in mir zu entdecken, um in der Stille das Wesen meines Menschseins und meines Christseins zu erkennen.

Für das Neue Testament hat Stehen immer auch mit Auferstehung zu tun. Jesus richtet die Menschen, die gebeugt sind oder die vom Dämon zu Boden geworfen werden, auf. So lässt er sie teilhaben an seiner Auferstehung. Um zum Ausdruck zu bringen, dass sie mit Christus auferstanden sind, haben die Christen in der frühen Kirche immer stehend gebetet.

Aus der buddhistischen Tradition stammt die kurze Erzählung von den Schülern, die den Meister fragen, was er tue, wenn er meditiere. Er antwortet: „Wenn ich sitze, dann sitze ich. Wenn ich stehe, dann stehe ich. Wenn ich gehe, dann gehe ich. Und wenn ich esse, dann esse ich." Die Schüler meinen, das sei doch nichts Besonderes, das würden sie doch auch tun. Doch der Meister gibt ihnen zur Antwort: „Nein, wenn ihr sitzt, dann steht ihr schon. Und wenn ihr steht, dann geht ihr schon. Und wenn ihr auf dem Weg seid, denkt ihr schon an das Essen." Es müssen keine besonderen Wege sein, um zur Stille zu kommen. Es genügt, das, was wir tun, ganz zu tun, ganz im Sitzen sein, wirklich zu stehen und beim Gehen an nichts anderes zu denken als: „Jetzt gehe ich."

Gehen

Auch über das Gehen finden sich in der Bibel zahlreiche theologische und spirituelle Einsichten. In den verschiedenen Redewendungen der Heiligen Schrift mit „gehen" und „wandern" zeigt sich im Gebrauch der Worte schon ein ganz bestimmtes Verständnis, ja vielleicht eine regelrechte Theologie. Da sind zunächst viele Redewendungen, die Haltungen angeben, in denen wir wandeln sollen. Wir sollen im Gesetz des Herrn wandeln (2 Mose 16,4), auf den Wegen des Herrn gehen (5 Mose 8,6). Statt in Sünden (1 Könige 16,31) und Finsternis (Hiob 29,3) sollen wir im Lichte wandeln (Hiob 24,17, Jesaja 1,5). Wir sollen in Demut vor unserem Gott wandeln (Micha 6,8) oder wie Paulus sagt: in der Neuheit des Lebens (Römer 6,4), in der Liebe (Römer 14,15), im Glauben (2 Korinther 5,7), im Geist (Galater 6,16) und in der Wahrheit, wie es der Johannesbrief ausdrückt (2 Johannes 1,4). „Gehen" und „wandeln" stehen hier für das Leben schlechthin, aber sie sind nicht einfach durch das Wort Leben zu ersetzen. Das Bild ist nicht abtrennbar vom Wort und die Wirklichkeit ist nicht ohne Bild zu haben.

In eine andere Richtung weisen die Wortverbindungen mit „mit" und „vor". Henoch wandelte mit Gott (1 Mose 5,24). Gott erscheint dem Abraham und sagt zu ihm: „Ich bin der höchste Gott, wandle vor mir und sei ungeteilt mit mir!" (1 Mose 17,1) Mit Gott leben, nach seinen Geboten leben, wird hier in das Bild gekleidet „vor ihm wandeln". Abraham soll bei all seinen Wanderungen darum wissen, dass der Herr bei ihm ist. Vor Jahwe wandeln bedeutet dann, im Bewusstsein des gegenwärtigen Gottes zu gehen, auf Gottes Nähe zu achten bei allem, was man tut. Mit ganzem Herzen gilt es, vor dem Herrn zu wandeln (1 Könige 8,23), das heißt, auf allen Wegen auf den Herrn ausgerichtet zu sein und nach seinem Willen zu leben.

Wohin geht unser Weg? Zum Hause des Herrn, zum Vater. Der Pilger betet auf dem Weg nach Jerusalem: „Wie froh war ich, als man mir sagte: Wir ziehen zum Hause des Herrn." (Psalm 121) Und in der Verbannung erinnert er sich an seine Pilgerfahrt nach Jerusalem: „Das Herz geht mir über, wenn ich daran denke, wie ich einherschritt in festlicher Schar zum Hause Gottes, mit Jubel und Dank in feiernder Menge." (Psalm 42) Der Prediger sagt: „Der Mensch geht dahin in sein ewiges Haus." (Prediger 12,5) Das Ziel des Wanderns ist immer die Heimat, das Daheimsein bei Gott.

Wenn wir bewusst im Gehen sind, können wir all diese Erfahrungen machen, von denen die Bibel spricht. Wir erahnen, dass wir mit jedem Wort auswandern aus Abhängigkeiten, dass wir uns mit jedem Schritt wandeln und verwandeln und dass jeder Schritt uns letztlich Gott näher bringt. Wir brauchen nur ganz im Gehen zu sein, dann wird uns das Geheimnis des Gehens und Wanderns aufgehen. So wie die „Stehworte" hilfreich sind (siehe Seite 33), kann es auch eine Hilfe sein, sich beim Wandern bestimmte „Gehworte" aus der Bibel vorzusagen. Wenn wir etwa mit dem Wort gehen: „Du schaffst meinen Schritten weiten Raum, meine Knöchel wanken nicht", dann ändert sich unser Gehen. Wir gehen leichter, wir ahnen etwas von Erlösung und Befreiung. Indem wir anders gehen, *werden* wir anders, wir werden ein Stück freier und weiter, wir spüren ein Stück mehr Vertrauen in uns. Das Wort macht unser Gehen recht und richtet uns selbst zurecht. Es bringt den Leib und die Seele in die rechte Verfassung.

Erst wenn wir mit den „Gehworten" aus den Psalmen wandern, werden wir wirklich den Sinn und die Erfahrung dieser Worte erfassen. Wer zwei Stunden nur mit dem Wort geht: „Wir ziehen zum Hause des Herrn" oder „Wohin könnte ich gehen vor deinem Geiste" oder „Mit dir erstürme ich Wälle, mit meinem Gott überspringe ich Mauern" oder „Dein Wort ist meinem Fuß eine Leuchte", der kann erfassen, was der Beter damals erfahren hat. All diese Worte sind aus der Erfahrung heraus geschrieben und wollen uns Erfahrung vermitteln. Doch an die Erfahrung kommen wir erst eigentlich heran, wenn wir das nachvollziehen, was die Beter zu ihrer Erfahrung gebracht hat: das Gehen und Wandern. Dabei brauchen wir im Gehen nicht über die Worte nachzudenken, sondern wir sollten sie wiederholen ohne die Erwartungshaltung, etwas Neues erkennen oder spüren zu müssen. Wir gehen mit dem Wort in der Hoffnung, dass das Wort im Gehen in uns eingeht, dass wir in das Wort hineingehen, in den Geist und in die Erfahrung des Wortes.

In der geistlichen Tradition war das Wandern immer ein wichtiger Weg zur Stille. Schon in der Antike gab es die Wallfahrt zu heiligen Orten. Menschen haben sich auf den Weg gemacht, um auszuwandern aus dem Alltag und am heiligen Ort Heilung zu erfahren. Die frühen Christen haben Abraham, der ausgewandert ist aus seiner Heimat, aus seiner Vaterstadt und aus seinem Vaterland, als Urbild des Pilgers gesehen. Auch sich selbst haben die frühen Christen wesentlich als Pilger verstanden, die ausziehen aus allen Abhängigkeiten, die ausziehen aus den Gefühlen der Vergangenheit und ausziehen aus dem Sichtbaren, um sich im Glauben auf den Weg zu Gott zu machen.

Wie die frühen Christen das Auswandern Abrahams als Weg in die innere Freiheit gesehen haben, so hat in ähnlicher Weise der dänische Religionsphilosoph Sören Kierkegaard die befreiende Wirkung des Wanderns verstanden. Er meinte einmal, er kenne keinen Kummer, von dem er sich nicht freigehen könne. Im Wandern können wir vieles hinter uns lassen. Wir gehen uns frei von allen Abhängigkeiten, von allem, was uns gefangen hält. Und wir überlassen uns einfach dem Gehen. Wir bleiben nicht stehen, wir gehen immer weiter. Das ist ein inneres Bild für unser Leben: Unser Leben ist ein Weg. Wir können zwar Rast halten auf dem Weg, aber wir müssen den Weg immer weiter gehen. Wir können nicht auf halbem Weg umkehren. Der Weg führt uns letztlich über diese Welt hinaus. „Wohin denn gehen wir? – Immer nach Hause", sagt Novalis. Im Gehen sind wir immer auf dem Weg nach einem Zuhause, letztlich auf dem Weg nach der ewigen Heimat.

Wandern hat mit Wandeln zu tun. Im Wandern wandeln wir uns. Diese reinigende und beruhigende Wirkung des Wanderns haben heute viele Menschen wieder neu entdeckt. Sie gehen die zahlreichen Pilgerwege, die heute angeboten werden. Immer beliebter wird vor allem der Pilgerweg nach Santiago de Compostela. Viele spirituell Suchende machen sich auf in der Hoffnung, dass dieser Weg sie innerlich ein Stück weiterbringt, dass sie frei werden von dem, was sie belastet. Der Weg ist beschwerlich und die Pilger gehen ein Risiko ein, denn sie wissen nicht, ob sie den Weg körperlich bewältigen werden. Dennoch machen sie sich auf, weil sie sich danach sehnen, aus dem Alltag auszuwandern und in ihre wahre Gestalt hineinzuwandern, weil sie frei werden wollen von dem Ballast, den sie im Alltag mit sich herumschleppen, und weil sie sich innerlich reinigen möchten.

Nicht nur der Pilgerweg nach Santiago erfreut sich neuer Beliebtheit. Auch viele Fußwallfahrten ziehen heute wieder mehr Menschen an als früher, zum Beispiel die beliebte Fußwallfahrt auf den Kreuzberg, zu den Wallfahrtsorten wie Amorbach, Gößweinstein, Vierzehnheiligen, Altötting und Kevelaer. Gemeinsam zu gehen und unterwegs immer wieder den Rosenkranz zu beten, das beruhigt sehr. Ein Mann, der sonst kaum in die Kirche geht, vertraute mir an: „Bei der Wallfahrt muss der Rosenkranz gebetet werden. Da erhole ich mich besser als im Urlaub."

Wenn wir dann nach langem Pilgerweg am Ziel ankommen, dem Wallfahrtsort, der uns auf den Weg gebracht hat, dann können wir eine viel tiefere Stille erleben, als wenn wir uns ohne Wandern in die Wallfahrtskirche setzen. Das Wandern hat vieles von uns abfallen lassen. Jetzt können wir in der Kirche Geborgenheit und Stille erfahren. Wir sitzen einfach nur da und fühlen uns getragen, angekommen, daheim. Nicht ohne Grund haben viele Wallfahrtsorte die Qualität des Mütterlichen, des Bergenden. Die meisten Wallfahrtsorte im katholischen Bereich sind Marienkirchen. Maria steht immer für das Mütterliche, für den Gott, in dessen liebenden Armen wir uns bergen dürfen. Nach den langen Wanderungen, auf denen sie Sonne, Wind und Regen ausgesetzt waren, dürfen die Pilger in den Marienkirchen das Wärmender und Bergende der mütterlichen Liebe Gottes erfahren. Es geht aus von der Art der Kirchen, vom Marienbild und von den vielen Kerzen, die dort brennen und eine bedeutungsvolle Wärme ausstrahlen.

Meditatio – Ruminatio – Contemplatio

Meditatio

Wenn ich im Folgenden die klassischen Formen der Meditation beschreibe, wie sie im frühen christlichen Mönchtum, also etwa in den Jahren 300 bis 600 n.Chr. entwickelt worden sind, ist das kein Plädoyer an die Leserinnen und Leser, unbedingt diese Formen zu praktizieren. Doch es ist für jede eigene Meditationspraxis hilfreich zu wissen, wie die Tradition Meditation verstanden und welche Erfahrungen sie damit gemacht hat. Und die Wege der Meditation, die die Christen seit dem 3. Jahrhundert gegangen sind, sind auch heute durchaus noch gangbar. Die Vielfalt der Formen, die entwickelt und praktiziert wurden, ist Hinweis und Ermutigung, dass jeder Mensch seinen persönlichen Weg der Meditation suchen und finden kann.

Die frühen Mönche haben die Meditation nicht erfunden, sondern sie haben die Methoden des stillen Sitzens und des bewussten Atmens wohl von ägyptischen Priesterkreisen oder von Zirkeln übernommen, die auf den griechischen Philosophen Pythagoras zurückgehen. Offensichtlich gibt es in allen Religionen ähnliche Formen des Meditierens;

sie werden von jeder Religion je inhaltlich gefüllt. Besonders verbreitet ist die Form des „mantrischen Betens". Man versteht darunter, den Atem mit einem Wort zu verbinden. Im Buddhismus und Hinduismus wird das Wort „OM" mit dem Atem verbunden. Die frühen christlichen Mönche haben diese allgemein verbreitete Weise der Meditation „getauft", indem sie den Atem bewusst mit Worten der Bibel verbunden haben.

Ruminatio

Die Mönchsväter nennen ihre Weise der Meditation „ruminatio", das heißt Wiederkäuen. Sie haben das Wort Gottes mit dem Atem verbunden und ständig wiederholt, damit es immer tiefer in das Bewusstsein und in das Unterbewusste eindringen kann. So wie eine Kuh beim Wiederkäuen der Nahrung innerliches Wohlbefinden empfindet, so soll der Mönch beim Wiederholen des Wortes Gottes von Gottes Freude erfüllt werden. Die frühen Mönche meinen sogar, das stetig wiederholte Wort Gottes würde auch den Leib verändern und ihm ein anderes Aussehen und einen angenehmen Geschmack verleihen.

Es gibt zwei verschiedene Wege, die Ruminatio zu üben: die antirrhetische Methode und die Einwortmethode.

Die antirrhetische Methode

Die antirrhetische Methode hat Evagrius Ponticus, der wohl wichtigste Mönchsschriftsteller aus dem 4. Jahrhundert, entfaltet. Es handelt sich um eine Gegenwort-Methode. Evagrius nennt sie die Methode Jesu, der in der Versuchung dem Teufel immer Worte aus der Schrift entgegenhielt. Weiter bezeichnet er sie als die Methode Davids, der seine Seele in zwei Teile teilte und so zu sich sprach: „Was bist du so betrübt meine Seele? Harre auf Gott, ich werde ihm noch danken." In der Gegenwort-Methode geht es nicht darum, die negativen Gedanken einfach zu vertreiben. Vielmehr lasse ich alle Gedanken zu und schaue sie an. Ich denke jedoch nicht über die negativen Gedanken nach, sondern spreche ein Wort aus der Schrift hinein, das meine Emotionen durchdringt und verwandelt.

Evagrius hat etwa 600 Gedanken gesammelt, die den Menschen krank machen und ihn in seinem geistlichen Streben behindern möchten. Es sind so genannte negative Einreden wie: „Keiner mag mich. Keiner kümmert sich um mich. Es hat alles keinen Sinn. Alles ist so schwierig. Ich mag nicht mehr. Ich habe Angst. Was denken die andern von mir." Die heutige Psychologie spricht bei diesen Einreden vom Lebensskript. Das Verliererskript etwa lautet: „Bei mir geht alles schief. Ich werde es nie zu etwas bringen. Ich habe immer Pech." Es ist offensichtlich, dass wir uns durch solche negativen

Einreden selbst schaden, denn Worte bestimmen unser Denken und Fühlen. Gegen diese negativen Worte soll man jeweils ein Wort aus der Schrift sagen. Wenn wir die Worte der Schrift in uns eindringen lassen, so können sie uns mit dem Geist Jesu erfüllen. Wenn ich beispielsweise Angst habe, spreche ich in die Angst hinein den Vers aus Psalm 118: „Der Herr ist mit mir. Ich fürchte mich nicht. Was können Menschen mir antun?" Dabei geht es nicht darum, die Angst zu vertreiben. Jeder von uns hat immer zugleich Angst und Vertrauen und manchmal sind wir auf unsere Angst fixiert; sie wird dann immer stärker. Das Wort der Schrift bringt mich wieder in Berührung mit dem Vertrauen, das auf dem Grund meiner Seele schon in mir ist. Ich fordere mich nicht auf, zu vertrauen. Vielmehr bewirkt das Wort der Bibel in mir Vertrauen.

Letztlich ist es eine therapeutische Methode, die Evagrius entwickelt hat. Die Worte der Bibel sind für ihn allesamt Heilungsworte, die Wunden zu heilen vermögen. Die Worte der Bibel lassen die vielen Worte im Menschen verstummen, die ihn innerlich beunruhigen und ihn manchmal zerreißen. Das Wort Gottes, das er mit dem Atem verbindet und immer tiefer in seinen Leib hineindringen lässt, bindet seinen Geist und bringt auch den Leib zur Ruhe.

Die Einwortmethode

Die andere Methode ist die sogenannte Einwortmethode, bei der man sich in allen Situationen auf einen einzigen Satz oder gar auf ein einziges Wort beschränkt. Im Westen hat Cassian vor allem das Wort empfohlen: „O Gott, komm mir zu Hilfe. Herr, eile mir zu helfen." Er beschreibt, wie dieses Wort alle Unruhe vertreibt, die Feinde der Seele besiegt und den Geist des Menschen an Gott bindet. Ja, ständig wiederholt führt es zu den höchsten Höhen der Beschauung. Seit dem 4. Jahrhundert wurde das aus dem Osten stammende sogenannte Jesusgebet auch im Westen immer beliebter. Dabei sagt man sich sooft wie möglich vor: „Herr Jesus Christus, Sohn Gottes, erbarme dich meiner" und verbindet das Wort mit dem Atemrhythmus. Beim Einatmen sagt man: „Herr Jesus Christus" und beim Ausatmen: „Sohn Gottes, erbarme dich meiner!". Man kann das Wort auch abkürzen und beim Einatmen „Jesus", beim Ausatmen „erbarme dich" sprechen. Die kürzeste Weise besteht darin, nur den Namen Jesus mit dem Atem zu verbinden. Es geht nicht darum, über Jesus oder über das Jesusgebet nachzudenken. Vielmehr soll der Geist Jesu immer mehr in den Beter eindringen. Die Alten sahen im Jesusgebet die Zusammenfassung des ganzen Evangeliums und fanden darin den Glauben an die Menschwerdung und an die Erlösung ausgedrückt. Sie nannten dieses Gebet auch Herzensgebet, weil man sich beim Einatmen vorstellen sollte, wie Jesus in das Herz einströmt und es mit Wärme und Liebe erfüllt. Beim Ausatmen soll man sich dann vorstellen, wie die Liebe Jesu den ganzen Leib durchdringt, vor allem in die dunklen und unbewussten Bereiche des Leibes und der Seele einfließt und sie erhellt und verwandelt.

Die Meditation des Jesusgebetes hat ein unbekannter russischer Pilger in dem Klassiker „Aufrichtige Erzählungen eines russischen Pilgers" wunderbar beschrieben. Der Pilger übt das Jesusgebet, bis es von alleine in ihm betet. Mit jedem Atemzug betet er diese Worte. Er braucht gar nicht mehr daran zu denken, sie klingen von alleine in ihm auf. Beim Lesen der Erzählungen bekommt man den Eindruck, dass er ganz und gar von der Liebe und Zärtlichkeit Jesu erfüllt war.

Das Jesusgebet ist auch mein persönlicher Weg der Meditation. Ich hoffe, dass ich durch dieses Gebet immer mehr vom Geist Jesu durchdrungen werde. Wenn ich Erzählungen von russischen Starzen (Beichtväter und geistlicher Erzieher junger Mönche) lese, spüre ich die Herzlichkeit und Liebe, die von ihnen ausgeht. Offensichtlich waren diese Mönche so vom Geist Jesu durchdrungen, dass sie für ihre Umgebung zu einer Quelle der Heilung und des Segens wurden. Dieses Ziel habe ich auch vor Augen, wenn ich das Jesusgebet übe. Ich setze mich dabei vor meine Christusikone auf meinen Gebetsschemel, halte meine Hände in die Brustmitte und verbinde mit jedem Atemzug das

Jesusgebet. Dabei stelle ich mir vor, wie im Einatmen Christus in mein Herz eindringt und es mit Wärme und Liebe erfüllt. Beim Ausatmen lasse ich dann diese wärmende Liebe in den ganzen Leib dringen, damit alles in mir von Christi Geist und Licht durchdrungen und verwandelt wird.

Das Jesusgebet kann ich auf zwei verschiedene Weisen beten. Bei der ersten Weise spreche ich das Jesusgebet in alle Gefühle und Leidenschaften hinein. Da darf mein Ärger auftauchen, meine Eifersucht, meine Angst, meine Depression. Ich vertreibe sie nicht und kämpfe nicht gegen sie, sondern ich schaue sie an, denke aber nicht darüber nach. Vielmehr spreche ich mit jedem Ausatmen still das Jesusgebet und vertraue darauf, dass es die aufgewühlten Gefühle langsam verwandelt und auf einmal mitten in meinem Ärger Ruhe und Frieden entstehen und ich ganz still werde. Dieser Weg empfiehlt sich am Anfang des Meditierens. Ich stehe dann nicht unter Druck, mich ganz auf das Wort konzentrieren zu müssen und nichts anderes denken zu dürfen. Und es ist eine gute Übung, wenn ich mich gerade über einen andern geärgert habe oder nach einem Konflikt noch aufgewühlt bin. Dies ist ein behutsamer Weg zur Ruhe. Viele Menschen wollen ihre negativen Gefühle mit Gewalt vertreiben oder unterdrücken. Aber je gewaltsamer sie gegen die Angst, gegen die Eifersucht, gegen den Ärger vorgehen, desto größer werden diese Emotionen. Stille wird in solchen Situationen allenfalls verkrampft erfahrbar sein, aber nicht anhalten. Das Jesusgebet aber verdrängt nichts. Ich schaue alles an, was in mir ist, alles darf sein. In dieses innere Chaos spreche ich das Jesusgebet hinein und vertraue darauf, dass es meine Zerrissenheit heilt.

Beim zweiten Weg des Jesusgebets beachte ich die Gedanken und Gefühle nicht. Ich binde vielmehr meinen Geist an das Jesusgebet und lasse mich vom Atem und von dem Wort in den inneren Raum der Stille führen. Dabei lege ich meine liebende Aufmerksamkeit in das Gebet und verbinde es mit meiner Sehnsucht nach dem Einswerden mit Jesus Christus. Dann wird mich das Wort in den Raum des wortlosen Geheimnisses Gottes hinein begleiten. Das Wort schließt die Türe zum wortlosen Geheimnis Gottes auf. Der Raum des wortlosen Geheimnisses Gottes ist nicht leer, sondern erfüllt vom Schweigen Jesu, von seiner Liebe und Barmherzigkeit, von seiner Menschenfreundlichkeit und Herzlichkeit.

Ich kann diesen Raum immer nur für einen Augenblick wahrnehmen; dann erfasst wieder die Unruhe mein Herz. Aber in dem Augenblick, in dem ich diesen inneren Raum der Stille erfahre, fühle ich mich heil und ganz, geborgen, getragen, geliebt. Da tauche ich ein in die Liebe Jesu Christi, in diesem Augenblick spüre ich: „Gott allein genügt." Schon kurze Zeit später kann ich diesen Satz zwar weiterhin sprechen, aber er erfüllt dann nicht mehr mein Herz, sondern ich sage ihn nur mit dem Kopf. Doch das Jesusgebet führt mich immer wieder in die Erfahrung der Stille. Und dort, wo ich in der Stille eins bin mit Gott und mit Jesus Christus und dem Heiligen Geist, dort bin ich am Ziel. Dort bin ich auch eins mit mir selbst, einverstanden mit meinem Leben, erfüllt von Liebe und Barmherzigkeit.

Die christliche Tradition kennt zwei Bilder, die dabei helfen, die Gedanken nicht zu beachten. Das eine Bild entstammt der Schrift eines englischen Dominikaners aus dem 14. Jahrhundert mit dem Titel „Die Wolke des Nichtwissens". So wie die Wolken einfach weiterziehen, so soll ich die Gedanken weiterziehen lassen und nicht beachten. Wenn ich fest auf der Erde sitze und mich in Gott verankere, dann können mich die vorbeiziehenden Gedanken nicht aus der Ruhe bringen. Das Meer ist das andere Bild. An der Oberfläche ist das Meer unruhig, die Wellen gehen hin und her, in der Tiefe ist es jedoch ganz ruhig. Da spürt man nichts mehr von den wogenden Wellen. Unruhe ist auch in unserem Kopf, er ist voller Gedanken. Aber in der Meditation steige ich immer tiefer in mich hinein. In der Meditation geht es nicht darum, alle Gedanken zu vertreiben oder mich auf die Stille zu konzentrieren. Vielmehr ist sie ein Weg in die Tiefe, in der es schon still ist.

Viele Menschen wollen Jesus nachfolgen und nach seinen Worten leben. Doch wenn nur der Wille unser Antrieb ist, bleiben wir oft in einem Zwiespalt stecken. Wir wollen den Geist Jesu widerspiegeln, aber unser Unbewusstes prägt uns oft stärker als der Wille. Das Jesusgebet kann helfen, indem es den Geist Jesu in die Abgründe unserer Seele dringen lässt. So können wir von innen heraus den Geist Jesu widerspiegeln und aus diesem Geist heraus handeln und reden. Ich habe den Eindruck, dass alles Tun des russischen Pilgers die Barmherzigkeit Jesu widerspiegelt. Ich übe das Jesusgebet auch mit der Sehnsucht, ganz und gar durchlässig zu werden für Jesus Christus. Dann geht es nicht mehr darum, wie weit ich auf meinem spirituellen Weg bin. Jede Reflexion über meinen Zustand ist nicht mehr wichtig. Entscheidend ist, dass Christus in mir wohnt und durch mich hindurchscheint. Diese Erfahrung hat offensichtlich der heilige Paulus gemacht, wenn er von sich sagt: „Nicht mehr ich lebe, sondern Christus lebt in mir." (Galater 2,20) Und von dieser Erfahrung her verstehen wir, was Paulus meint: „Für mich ist Christus das Leben und Sterben Gewinn." (Philipper 1,21)

Contemplatio

Die ruminatio ist die übliche Weise christlicher Meditation. Auch Martin Luther hat sie noch gekannt. Er empfiehlt, das Wort Gottes wiederzukauen, sodass es uns immer mehr bestimmt. Heute wird die Methode, den Atem mit einem Wort zu verbinden, häufig auch als Kontemplation bezeichnet. Von der christlichen Kontemplation, die den Atem mit einem Wort aus der Bibel oder aus der christlichen

Tradition verbindet, wird dann die Zen-Meditation unterschieden. Doch in der Tradition wird der Begriff Kontemplation in einem anderen Zusammenhang gebraucht, und zwar in der Unterscheidung zwischen Aktion und Kontemplation.

Dabei versteht man unter Kontemplation ein Leben, das mehr dem Gebet und der Stille gewidmet ist. Als Urbilder von Aktion und Kontemplation gelten Martha und Maria aus dem Lukasevangelium (Lukas 10,38ff.). Martha ist Bild für die aktive Frau. Sie tut, was zu tun ist. Maria dagegen setzt sich Jesus zu Füßen und hört einfach zu, was er zu sagen hat. Beide Frauen stehen für die aktive und kontemplative Seite, die jeder von uns hat. Martha hat scheinbar die besseren Argumente für sich. Sie tut etwas, was wichtig ist und was den Menschen hilft. Maria hat nichts vorzuweisen. Sie sitzt nur da und hört zu. Weil sie auch in uns oft von der lauteren Martha übertönt wird, ergreift Jesus für sie Partei. Er will die Maria in uns stärken, damit sie mit Martha gleichberechtigt die kontemplative Seite lebt und aus der Kontemplation heraus dann das Richtige tut. Wenn wir die Maria in uns verdrängen, werden wir in unserem Einsatz für andere oft ebenso aggressiv wie Martha. Wir fühlen uns ausgenutzt. Solche Gefühle sind immer ein Zeichen dafür, dass wir die Maria in uns zulassen sollen. Wir sollen hören, was die andern wirklich brauchen und was Gott wirklich von uns will.

Kontemplation heißt eigentlich Schauen und meint eine spirituelle Erfahrung des Einswerdens mit Gott. In der Kontemplation geht es nicht um Visionen, sondern darum, auf den Grund zu schauen. Ich sehe nichts Bestimmtes, aber ich blicke durch, ich sehe in die Tiefe. Obwohl in meinem Denken vieles unklar ist, vermittelt mir die Kontemplation innere Klarheit, denn in der Tiefe ist alles klar und in der Tiefe bin ich einverstanden mit allem, was ist. Deshalb ist Kontemplation immer Zustimmung zum Sein. In der Tiefe, unterhalb der Turbulenzen und Gegensätze dieser Welt, bin ich eins mit dem Grund allen Seins, mit Gott.

Ausführlich spricht Evagrius Ponticus von Kontemplation. Für ihn ist sie das Ziel allen Lebens und die Vollendung des Betens. Beten beginnt häufig mit Sorgen oder einem Nachdenken über Gott oder mit schönen Bildern oder Gefühlen von Gott. Kontemplation meint jedoch, dass wir alle Gedanken über Gott, alle Bilder von Gott und alle Gefühle, die wir mit Gott verbinden, loslassen. Denn sonst halten wir uns an den Gedanken, Bildern oder Gefühlen fest oder wählen – in einem Bild des Evagrius – den Rauch statt des Feuers. In der Kontemplation geht es aber gerade darum, mit dem Feuer eins zu werden, selbst zu Feuer zu werden. Manche Altväter, so berichten frühe Mönche, wurden – wenn sie unbeobachtet allein in ihrem Kellion beteten – ganz zu Feuer, es ging Licht von ihnen aus oder ihre zum Gebet erhobenen Hände wurden zu Feuerflammen.

Evagrius unterscheidet verschiedene Stufen der Kontemplation. Die 1. Stufe ist die Kontemplation der Natur (Theoria physike). Das meint das tiefere Eindringen in das Wesen der Dinge, in die Ordnung des Universums, in die Natursymbole, aber auch in den tieferen Sinn der Heiligen Schrift. Die 2. Stufe ist die Kontemplation Gottes oder auch die Kontemplation der Heiligen Dreifaltigkeit. Diese „höhere Art der Kontemplation begleitet tiefer Friede und Ruhe. Sie kennt keine Frustration, sondern nur die Ruhe des Besitzens." (Bamberger, 18) Diese Form der Kontemplation führt zur Einfachheit, der Mensch ist in sich klar und einfach geworden. Das bedeutet zugleich, dass er auch moralisch rein geworden ist. Der Weg zu dieser Kontemplation führt daher notwendigerweise auch zur bewussten Auseinandersetzung mit den Emotionen, mit den Leidenschaften, mit den Dämonen. Letztlich jedoch ist die Kontemplation ein Geschenk Gottes, das der Mensch nicht aus eigener Kraft erreichen kann. Der Mensch kann dazu beitragen, indem er sein Bewusstsein leert, damit es von Gott erfüllt werden kann.

Evagrius beschreibt nicht die Natur der Kontemplation selbst, sondern spricht von den Seelenzuständen, die sie begleiten. Der Erkenntnis Gottes geht die Erfahrung des Lichtes voraus, das in der Seele leuchtet. „Wenn ein Mensch den alten Menschen abgelegt und den neuen Menschen angezogen hat, der eine Schöpfung der Liebe ist, dann wird er zur Stunde des Gebetes erkennen, wie sein Zustand einem Saphir gleicht, der klar und hell wie der Himmel leuchtet. Mit dem Ausdruck ‚Ort

Gottes' meint die Schrift genau diese Erfahrung." (Bamberger, 19f.) Die Seele selbst ist der Ort, an dem der Mensch Gott erfahren kann. Er kann Gott nicht direkt schauen, doch „wie in einem Spiegel, so leuchtet er in der Seele auf" (ebd., 20).

Die Kontemplation ist für Evagrius das Ziel des menschlichen Lebens und vor allem auch das Ziel jeden spirituellen Weges. Nur durch die Kontemplation – so meint er – kann der Mensch innerlich ganz gesund werden. Er kann zwar seine Leidenschaften und Emotionen anschauen und mit ihnen kämpfen. Aber ganz gereinigt werden sie erst in der Kontemplation. Dann erfährt der Mensch nicht nur Gott, sondern sich selbst in seiner Einfachheit und Ganzheit, in seiner inneren Klarheit und Lauterkeit. Man spürt den Schriften des Evagrius die Sehnsucht nach der Kontemplation an und auch seine Erfahrungen, die ihn zu seinem optimistischen Menschenbild geführt haben, einem Menschenbild, nach dem die höchste Berufung des Menschen darin besteht, in der Kontemplation eins zu werden mit dem unendlichen Gott, mit dem dreifaltigen Gott, dem Gott, der für uns offen ist und der in seinem Wesen reine Liebe ist.

Meditation biblischer Bilder

Der übliche Weg der Meditation im Mönchtum ist das mantrische Beten oder die ruminatio mit ihrer Verbindung von Atem und Wort. Aber die christliche Tradition kennt noch andere Weisen der Meditation. Bei der Meditation eines biblischen Bildes bildet man sich das Bild immer mehr ein, damit es zur inneren Wirklichkeit wird. Solche Bilder in sich einzubilden, ist gerade für ästhetisch veranlagte Menschen oder für „Schau-Menschen" ein geeigneter Weg, zur Ruhe zu finden und still zu werden. Die Bilder bringen uns in Berührung mit unserem wahren Wesen. Und wenn wir durch das Bild in Einklang kommen mit uns selbst, werden wir ruhig und still.

Das deutsche Wort „Einbildung" hat einen negativen Beigeschmack, aber jeder Mensch trägt Bilder in sich, die er sich „eingebildet" hat. Für den griechischen Philosophen Platon besteht die Bildung darin, dass der Mensch sich das göttliche Bild einbildet. Erst dadurch wird er zum Menschen. Gebildet ist also nicht, wer viel weiß, sondern wer gute Bilder in sich einbildet. Die deutsche Mystik hat diese Auffassung aufgegriffen: Christus ist das wahre Bild Gottes, das Ebenbild des unsichtbaren Gottes. Der Mensch wird erst Mensch, wenn er sich das Bild Christi einbildet. Meister Eckehart spricht davon, dass wir Christus in uns einbilden und ihn dann ausbilden sollen, indem sein Geist sich in unserem Reden und Tun ausdrücken und nach außen sichtbar werden soll.

Christliche Spiritualität besteht darin, sich die heilenden Bilder der Bibel einzubilden, damit wir durch die Bilder unser ursprüngliches und unverfälschtes Bild entdecken, das Gott sich von jedem von uns gemacht hat. Die Psychologie C.G. Jungs spricht von archetypischen Bildern, die etwas in der menschlichen Seele bewegen, die sie auf ihren Mittelpunkt hin zentrieren. Die biblischen Bilder, die wir uns in der Meditation einbilden, bringen uns in Berührung mit diesem Kern unseres wahren Wesens, mit unserem ursprünglichen Selbst, mit dem Bild, das Gott sich von uns gemacht hat und das uns befreit von den Bildern, die wir uns selber übergestülpt oder mit denen andere unser Wesen verstellt haben.

Die alternative Medizin arbeitet heute mit der Methode der Imagination. Gegen das häufig negative Selbstbild sollen die Kranken sich positive Bilder einbilden. Selbst wenn sie eine heilende Wirkung haben, erscheinen manche der von der alternativen Medizin verwendeten Bilder künstlich, etwa die Vorstellung einer Lichtquelle in uns, die alles Dunkle vertreibt. Die Bibel bietet uns jedoch eine ganze Fülle von heilenden Bildern an. Wir brauchen uns die Bilder nicht auszudenken, sie werden uns in der Bibel und in der geistlichen

Tradition vor Augen gestellt. Wenn wir uns diese Bilder einbilden, dann kommen wir in Berührung mit unserem Personkern, dann kommen wir in Einklang mit uns selbst und werden innerlich still.

Ein solches heilendes Bild ist der *Tempel*. Johannes schildert, wie Jesus die Händler und Geldwechsler, die Rinder, Schafe und Tauben aus dem Tempel treibt (Johannes 2,13-22). Dieses Bild können wir auf uns übertragen: Wir fühlen uns oft als Markthalle, in uns lärmen die Gedanken der Händler: Was ist mein Tauschwert, mein Kaufwert auf dem öffentlichen Markt? Wie wird meine Währung gewechselt? Und in uns sind triebhafte Gedanken, oberflächliche Gedanken und Gedanken, die hin und herflattern wie Tauben. Wenn wir diesem Bild folgen, geht es nicht darum, über das Bild selbst nachzudenken. Vielmehr stelle ich mir vor, wie Christus im Einatmen in meine Markthalle eintritt und beim Ausatmen alles aus mir heraustreibt, was den inneren Frieden stört. Wenn ich dieses Bild eine Zeit lang in mich einbilde, dann fühle ich mich anders. Ich werde innerlich weit, ich spüre einen tiefen Frieden in mir und die göttliche Herrlichkeit, mit der Christus mich erfüllt. Ich selber bin Tempel Gottes. Durch dieses Bild entdecke ich mein wahres Wesen und höre auf, mich zu entwerten. Ich habe es nicht länger nötig, all das innere Chaos zusammenzuhalten. Ich muss meinen Rücken nicht mehr verhärten und verkrampfen, weil ich all das in mir Auseinanderstrebende mit Gewalt zusammenbinden möchte.

Wenn ich das Bild des Tempels in mich einbilde, dann erlebe ich eine innere Weite, Schönheit und Freiheit. Das Eintreten Jesu in meinen Tempel kann ich mir auf zwei verschiedene Weisen vorstellen. Da ist einmal die Vorstellung, dass Christus wie in der biblischen Geschichte alles aus mir herauswirft, was nicht hineingehört. Das andere Bild bezieht sich auf romanische und gotische Kirchen mit ihren Kapitellen, auf denen wilde Tiere als gezähmt dargestellt sind und mit ihrer Kraft Gott loben. Wenn ich mir dieses Bild vorstelle, dann heißt es: Ich muss gar nicht alles aus mir herauswerfen. Wenn Christi Geist in die Tiere in mir fährt, dann werden sie verwandelt, dann schmücken sie den Tempel und loben in mir Gott. Diese Vorstellung ist ein Bild der Integration und nicht der Trennung. Beide Bilder sind legitim. Manches muss Christus herauswerfen, weil es uns sonst das Hausrecht streitig machen würde. Anderes soll verwandelt werden.

Ein anderes heilendes Bild ist das des *brennenden Dornbuschs.* Im Dornbusch erkennt Mose ein Bild für seine Situation. Er ist gescheitert, in der Fremde, in der Öde, unbrauchbar für Gott. In diesem Bild können wir selbst uns wiedererkennen: Wir sind der Dornbusch, leer, ausgebrannt, vertrocknet, wertlos. Aber in uns, so wie wir sind, leuchtet Gottes Herrlichkeit auf. Wir können also unsere Wirklichkeit zulassen, wie sie ist, im Vertrauen darauf, dass in uns, so leer und wertlos wir uns auch fühlen, Gottes Licht aufstrahlt. Auch dieses

Bild lässt sich mit dem Atem verbinden. Ich stelle mir vor, wie im Atem Gottes Licht, Gottes Feuer, in mich eindringt und alles in mir zum Leuchten und Brennen bringt. Der Dornbusch lodert, ohne zu verbrennen. Das heißt, ich bleibe ganz ich selbst, in meiner Ohnmacht, in meiner Zerstreutheit, in meiner Durchschnittlichkeit. Ich muss nichts aus mir machen, ich darf so sein, wie ich bin. Dieses Bild befreit mich von allem Druck, mich ändern zu müssen. Und gerade so führt es mich zur inneren Ruhe.

Ein weiteres Bild ist die *Geburt Jesu im Stall.* Im Stall unseres Herzens wird Christus als Kind geboren. Wenn wir das in uns einbilden, spüren wir den Frieden und die Stille, die von diesem Bild ausgehen, und kommen in Berührung mit dem ursprünglichen Bild, das Gott sich von uns gemacht hat. C.G. Jung meint, der Mensch müsse sich immer wieder vorsagen, dass er nur der Stall ist, in dem Gott geboren wird. Auch hier dürfen wir alles, was in uns ist, Gott hinhalten und darauf vertrauen, dass Gott in unserer Wirklichkeit, so wie sie ist, geboren wird und dadurch alles in uns erneuert.

Auch die *Quelle, die in uns sprudelt,* ist ein heilsames biblisches Bild: In uns ist die Quelle des Heiligen Geistes. Auch dieses Bild können wir mit dem Atem verbinden. Im Ausatmen durchbohren wir gleichsam die Betonschicht, die über der inneren Quelle liegt und uns von ihr abschneidet. Und so kommen wir im Ausatmen auf den Grund unserer Seele, in dem die nie versiegende, göttliche Quelle strömt. Wenn wir aus dieser Quelle schöpfen, dann wird alles in uns lebendig und frisch. Und wir werden nicht erschöpft sein, denn die göttliche Quelle ist unerschöpflich. Im Einatmen können wir uns vorstellen, wie das sprudelnde Quellwasser den ganzen Leib durchdringt und erfrischt und mit göttlichem Geist erfüllt.

Ein anderes Bild für den Heiligen Geist ist das der *Glut*. Wir sind oft ausgebrannt – so meint Henry Nouwen –, weil wir die Türe unseres Ofens offen haben. Meditation heißt, die Türe zu schließen und nach innen zu horchen. Dort auf dem Grund der Seele wärmt mich die Glut des Heiligen Geistes mit Liebe und Wärme. Ich kann mir vorstellen, wie diese Glut alles Erkaltete und Verhärtete, alles Ausgebrannte und Leere in mir mit Wärme und Liebe durchdringt. Auf einmal fühle ich mich wieder lebendig, voller Feuer und Kraft.

Man kann das Bild entweder mit dem Atem oder auch mit einem Wort verbinden. Ich kann beispielsweise durchaus das Jesusgebet weiter sprechen und mir zugleich vorstellen, wie dieser Jesus in meinen Tempel kommt, in meinem Stall geboren wird und mich mit der inneren Quelle in Berührung bringt.

Die Bibel beschreibt die heilenden Bilder, die Gott uns schenkt, mit Worten. Eine Hilfe, sich diese Bilder einzubilden, kann das Anschauen von Bildern oder Statuen sein. Die Kunst hat häufig die biblischen Bilder auf ihre Weise ausgelegt und gedeutet. Wenn wir diese Bilder betrachten, ohne sie zu beurteilen, sondern indem wir eins werden mit ihnen, dringt letztlich die heilende Kraft der biblischen Bilder in uns ein. Wir vergessen uns selbst und sind einfach im Schauen.

Für die Griechen ist das Schauen der eigentliche Sinn, mit dem wir Gott erfahren dürfen. „Theos" (Gott) kommt von „theasthai" (zuschauen). Gott ist der, der geschaut wird in den biblischen Bildern oder in der Schönheit der Schöpfung oder in einem menschlichen Antlitz. Paulus bezieht sich offensichtlich auf die mystische Erfahrung des Schauens, wie es in den Mysterienkulten des 1. Jahrhunderts nach Christus geübt wurde, wenn er im 2. Korintherbrief schreibt: „Wir alle spiegeln mit enthülltem Angesicht die Herrlichkeit des Herrn wider und werden so in sein eigenes Bild verwandelt, von Herrlichkeit zu Herrlichkeit, durch den Geist des Herrn." (2 Korinther 3,18) Indem ich auf ein Bild schaue, werde ich eins mit dem Bild. Ich werde in das Bild verwandelt. Und so leuchtet das göttliche Bild mit seiner Herrlichkeit auch in mir auf.

Beim Einbilden biblischer Bilder ist es hilfreich, wenn ich mich in eine Kirche setze, die mich anrührt. In einer romanischen Kirche kann ich die Erfahrung machen, dass ich Tempel Gottes bin. Ich bin in Gott geborgen und ich selbst bin der Ort, in dem Gott wohnt. Wo Gott in mir wohnt, bin ich daheim, dort fühle ich mich getragen und es ist Weite und Heimat in mir.

Wenn ich dagegen längere Zeit in einer gotischen

Kirche still sitze, dann erlebe ich mich anders. Ich spüre die innere Weite meines Tempels. Gottes Herrlichkeit und Schönheit erfüllen mich, Christus ist in meinem Tempel. Er hat die lärmenden Händler und Geldwechsler aus mir vertrieben. Einige Rinder, Schafe und Tauben sind jedoch noch in meinem Tempel geblieben. Die Kapitelle mancher Säulen zeigen nämlich, dass Christus manches Tierhafte in mir verwandelt hat, sodass es im Raum der Kirche Platz hat und sein darf. Das Vitale, Aggressive, Instinkthafte wird zum Schmuck des Tempels, es ist integriert in das Bild des Tempels. Auch das kann mich befreien.

In einer barocken Kirche erlebe ich den inneren Tempel auf wieder andere Weise. Ich erfahre die eigene Buntheit und Lebendigkeit. In den Bildern sehe ich einen Durchgang durch die Höhen und Tiefen meines Lebens und erlebe, dass sie alle hineingenommen sind in die heilende Gegenwart Gottes. So erfahre ich mich im Einklang mit mir selbst und komme in den inneren Frieden.

In einer Zeltkirche erfahre ich mich noch einmal anders. Ich fühle mich geborgen, aber zugleich auf dem Weg. Ich darf rasten, aber ich weiß zugleich, dass ich weiterwandern muss.

Neben der Kirche als Gesamtbild helfen auch einzelne Heiligenbilder oder andere Kunstwerke zur inneren Versenkung. Wenn ich etwa das romanische Kreuz in Altenstadt anschaue, bildet sich in mich die Liebe ein, die vom Antlitz des gekreuzigten und erhöhten Christus ausgeht. Oft spricht mich eine Marienstatue an, in der mir die mütterliche Liebe Gottes begegnet. Als ich in Colmar ein Marienbild von Martin Schongauer betrachtete, erlebte ich in mir eine tiefe innere Klarheit und Stille. Das Bild war von solcher Klarheit und Lauterkeit, dass es sich tief in mich eingeprägt hat. In anderen Kirchen faszinieren mich die Heiligenbilder. In ihnen haben die Künstler die Verwandlung des Menschen durch Gottes heilenden und Heiligen Geist dargestellt, etwa in den vierzehn Nothelfern, in denen ich mich in meinen Verletzungen und Wunden sehe und zugleich das Heilende erblicke, das von Gott kommt und sich in diesen Heiligen verwandelnd ausgewirkt hat.

Marc de Smedt beschreibt die Faszination, die von Madonnenbildern ausgeht. In den Bildern der Jungfrau, die ihr Kind der Welt entgegenstreckt, erkennt er: „Das Wesentliche kommt darin zum Ausdruck: Auch wenn es den Tod gibt, muß man das Leben verteidigen. Und um die Quelle dieses Lebens zu finden, müssen wir wissen, wie wir diese subtile Stille in uns finden können, die sich nicht aus Bildern zusammensetzt und keine Spuren hinterlässt." (de Smedt, 170) „Eine der überwältigendsten Stätten der Stille, die es auf der Welt gibt", ist für ihn das Cluny-Museum in Paris, vor allem der runde weite Raum, der mit Bildteppichen der „Dame mit dem Einhorn" ausgekleidet ist. „Seit meinem ersten Besuch an diesem Ort habe ich ihn als den eigentlichen Mittelpunkt von Paris betrachtet, den Ort der Initiation." (Ebd., 157)

Jeder hat seine Lieblingsorte und Lieblingsbilder, die ihn im Innersten berühren und ergreifen. Wenn wir staunend vor einem Bild stehen und es in uns eindringen lassen, dann entsteht eine Stille, wie wir sie selbst nie machen können. Von dem Bild geht etwas aus, was uns in die Stille führt, in den geheimnisvollen Ort unserer Seele, in dem wir nicht mehr über etwas denken oder reflektieren, in dem wir einfach nur sind, eins mit uns und eins mit dem Bild, das Gott sich von uns gemacht hat.

Lectio divina

Neben der ruminatio (siehe S. 50) gibt es noch einen weiteren wesentlichen Strang monastischer Meditation: die lectio divina. Lectio divina meint das Lesen der Heiligen Schrift. Wenn wir an das Lesen denken, assoziieren wir damit meistens zuerst studieren oder nachdenken und überlegen, was der Sinn der Worte ist. Aber Lesen ist noch viel mehr. Im Lesen tauche ich ein in eine andere Welt. Wenn ich einen Text lese, habe ich teil an seiner Weltsicht, an seiner Stimmung, an seiner Kraft. Im Lesen eines fremden Textes komme ich mit Seiten in mir in Berührung, die ich sonst nicht wahrnehme.

Viele Menschen erleben das Eintauchen in eine andere Welt als heilsam und spüren, dass das Lesen ihnen gut tut. Auch wenn sie nicht alles verwirklichen können, was sie lesen, empfinden sie es als positiv, sich auf andere Gedanken einzulassen. Diese Gedankenwelt relativiert die Welt, in der sie leben, und befreit von dem Druck, den sie oft in der realen Welt verspüren. In der Welt des Lesens erleben Menschen sich anders, nicht selten als geborgen, angenommen, angesprochen, berührt, wertvoll und einmalig.

Seit einiger Zeit wird die heilende Wirkung des

Lesens neu entdeckt. Franz Kafka hat die therapeutische Wirkung eines Buches einmal so ausgedrückt: „Ein Buch ist die Axt für das gefrorene Meer in uns." (Bibliotherapie, 12) Der Text kann uns mit verdrängten Gefühlen in Berührung bringen, mit Gefühlen, die wir nicht mehr spüren, weil sie unter der Eisdecke der inneren Erstarrung liegen. Wie eine Axt kann ein Text Löcher in die Eisdecke schlagen, damit die Gefühle wieder auftauen und auftauchen.

Schon im alten Ägypten kannte man die Heilkraft der Bücher. „Die Pharaonen schrieben über ihre Bibliothek: Psyches Iatreion, Heilstätte der Seele." (Ebd., 31) Die Überschrift findet sich in vielen Klosterbibliotheken wieder, so etwa in St. Gallen. Ein Pionier der Bibliotherapie war Benjamin Rush, der 1802 in den USA damit begann, die Hospitäler durch Bibliotheken zu reformieren. Für ihn war das Lesen ein wichtiges Hilfsmittel der Psychotherapie. „In der Bibel sah er die Apotheke, die für jeden seelisch Kranken eine wichtige Arznei enthält." (Ebd., 14) Ein guter Therapeut, so meint Rush, wählt den richtigen Text für den Patienten aus und bespricht dann mit ihm die Erfahrungen, die er damit macht.

Lesen kann die Selbstheilungskräfte im Menschen fördern und stecken gebliebene Reifungsprozesse wieder in Gang bringen. Vor allem die Logotherapie Viktor Frankls setzt Bücher therapeutisch ein. „Das rechte Buch zur rechten Zeit hat viele Menschen vor dem Selbstmord bewahrt", meint

Viktor Frankl. „In diesem Sinne leistet das Buch echte Lebenshilfe – und Sterbehilfe." (Ebd., 41)

Für den französischen Journalisten Marc de Smedt war das Lesen seit seiner Jugend immer ein Weg zu sich selbst und ein Weg in die Stille. Er schreibt: „Stille des Lesens: ein Kontrapunkt zur tönenden Realität, Ort der Reflexion über sich selbst und der Einführung in die Welt." (de Smedt, 133) Über die Faszination des Mediums Buch schreibt er: „Einem Buch gegenüber sind wir vollkommen allein, in eine absolute Stille getaucht. Ein gnadenvoller Augenblick, der gleichzeitig ein Akt des Vergessens und des Abgleitens ist, ein Eintauchen in die ursprünglichen Tiefen der Psyche." (Ebd., 132)

Vielleicht hatten die Maler des Mittelalters die heilende und zugleich befreiende Wirkung des Lesens im Blick, wenn sie Maria als lesende Frau dargestellt haben. Auf vielen Bildern liest Maria, als der Engel Gabriel ihr die Geburt ihres Sohnes verkündet. Sogar auf dem Kindbett wird Maria oft lesend dargestellt. Und auch wenn sie bei der Flucht nach Ägypten auf dem Esel reitet, liest sie in einem Buch. Im Lesen taucht sie ein in die Welt Gottes. Das Lesen befähigt sie offensichtlich, zu verstehen, was mit ihr geschieht, und es nimmt – wie auf der Flucht nach Ägypten – der feindlichen und bedrohlichen Welt ihre Macht. Mitten in einer Atmosphäre von Gewalt und Hass liest Maria, um im Lesen ihre eigene Mitte zu entdecken und sich in der Welt des Lesens, letztlich in der Welt Gottes, geborgen und getragen zu fühlen.

Im frühen Mönchtum las man keine Romane und auch keine theologischen Abhandlungen. Das Lesen war auf die Bibel beschränkt. Erst im 8. und 9. Jahrhundert sah man ein, dass das Bibellesen nur dann Frucht trägt, wenn man auch sonst belesen ist und die griechischen und römischen Klassiker kennt.

Das Lesen der Bibel war für die Mönche seit jeher etwas ganz anderes als das übrige Lesen. Es war heiliges Tun, ja, göttliches Tun. Daher nannten sie die Bibellesung auch lectio divina, göttliche Lesung. Nach der Regel des heiligen Benedikt sind für die lectio divina, also für die Meditation der Heiligen Schrift, jeden Tag drei Stunden reserviert. In dieser intensiven Begegnung mit der Heiligen Schrift wuchsen die Mönche immer mehr in den Geist Jesu hinein, sie verstanden Jesus Christus immer besser. Aber es geht nicht nur um das Verstehen. Lesen der Schrift ist ein Wandlungsprozess. Die Schriftworte prägen zunehmend den Geist und auch das Handeln. Im Mönchtum war das Lesen der Schrift zudem immer ein mystischer Weg. Ziel der Schriftlesung war es, eins zu werden mit Gott. Mystik war im frühen Mönchtum immer Schriftmystik oder Kultmystik.

Um das zu verstehen, ist es wichtig, die spirituelle oder mystische Schriftauslegung zu begreifen, wie sie der Kirchenvater Origenes entfaltet hat. In der spirituellen Auslegung geht es ihm nicht um die geschichtliche, sondern um die mystische Dimension der Bibel mit dem Ziel, eins zu werden mit Gott. Die Frage der spirituellen Auslegung der Schrift heißt nicht „Was soll ich tun?", sondern „Wer bin ich?". Die Worte der Bibel sind Bilder für das Wesen des Menschen und für den Weg der Seele zu Gott. Wer sich auf diese Bilder einlässt, übt die wahre Kontemplation. Er schaut in den Worten das Geheimnis des unsichtbaren Gottes und er hört den unhörbaren und unbegreiflichen Gott, der zu ihm spricht. Die Bibelworte – in der frühen Kirche wurde immer laut gelesen – dringen in den Geist des Lesers ein und verwandeln ihn mehr und mehr. Sie heilen seine Wunden und erfüllen ihn mit dem Geist Jesu Christi.

Die lectio divina hat nach der Tradition des Mönchtums vier Schritte: lectio – meditatio – oratio – contemplatio.

Lectio

In der Lesung geht es um viel mehr als darum, das Wissen über die Bibel zu vertiefen. Vielmehr soll der Leser – nach einem Ausspruch von Papst Gregor dem Großen – im Wort der Schrift Gottes Herz entdecken. Im Wort darf er Gott selbst begegnen. Den frühen Mönchen sprachen alle Worte von Jesus Christus. Auch das Alte Testament erzählte in Bildern das Geheimnis Jesu Christi. So galt etwa das Schicksal Simsons als Bild für den Weg Jesu, der seine Feinde nicht nur durch seine Krafttaten besiegt hat, wie es das Markusevangelium beschreibt, sondern gerade in seinem Tod, in dem er die Mächte der Finsternis besiegt hat. Simson, der die Säulen des Hauses in seinem Tod zerbricht und alle Feinde darunter begräbt, wird so ein Bild für Christi Tod und Auferstehung. Jede Stelle, an der im Alten Testament vom Holz die Rede ist, haben die Mönche auf das Kreuz bezogen. In der Geschichte von Mose, der seinen Stab in das Bitterwasser wirft und es in süßes trinkbares Wasser verwandelt, sahen die Mönche das Geheimnis des Kreuzes. Das Kreuz macht das Bittere meines Lebens süß und ermöglicht mir, die Bitterkeit des Leidens zu trinken, ohne daran zugrunde zu gehen. Stattdessen erlebe ich im Leiden die Süßigkeit der Liebe Christi.

Durch die historisch-kritische Methode der Schriftauslegung – ihre vielen wissenschaftlichen Verdienste sind unbestritten – haben wir verlernt, die Bildhaftigkeit der biblischen Worte zu verstehen und in allen Worten einen Hinweis auf das Geheimnis Jesu Christi und auf das Geheimnis unseres eigenen erlösten Lebens zu sehen. Die Mönche lernten die Bibel auswendig. Das führte oft zu einer assoziativen Auslegung. Bei einem bestimmten Wort fielen ihnen andere Worte ein, die damit zusammenhingen. So legten sich diese Worte gegenseitig aus.

*M*editatio

Der zweite Schritt war die meditatio. Meditatio bedeutet, besinnlich bei etwas zu verweilen, die Worte vom Kopf ins Herz fallen zu lassen, die Worte mit den Sinnen zu kosten. Dabei waren alle Sinne beteiligt. Es wurde laut gelesen und deshalb hörte man die Worte, sah die Buchstaben, empfand den eigenen emotionalen Klang jedes Wortes und kostete ihren Geschmack. Die Mönche sprechen vom angenehmen und süßen Geschmack der göttlichen Worte.

Bei der Meditation wiederhole ich die Worte mit dem Herzen, damit sie das Herz immer mehr durchdringen und darin den süßen Gottesgeschmack verbreiten. Ich denke nicht über die Worte nach, sondern lasse sie in mich eindringen. Ich frage mich: Wenn das stimmt, wie nehme ich dann die Wirklichkeit wahr? Wie fühle ich mich? Wer bin ich dann? Wie erfahre ich dann die Konflikte um mich herum? Welchen Geschmack hinterlässt dann das Leid, das ich gerade durchmache? Für die Mönche war es wichtig, die Worte der Schrift als Worte des lebendigen und gegenwärtigen Gottes zu verstehen, der sie jetzt in diesem Augenblick an sie richtete. Und sie sahen die Worte auch als an sie gerichtete Worte des erhöhten Christus an. In den Worten, die Jesus zu seinen Lebzeiten sprach, hörten sie den gegenwärtigen Christus. Daher waren seine Worte immer Worte, die den Tod überwanden. Jetzt spricht Christus, der im Himmel zur Rechten Gottes sitzt, diese Worte zu dem Meditierenden. Die Worte verbinden Himmel und Erde, sie überwinden die Grenze zwischen Leben und Tod, zwischen Gott und Mensch.

O*ratio*

Der dritte Schritt ist die oratio. Die Mönche verstehen darunter ein kurzes, affektives Gebet, mit dem die Bitte ausgedrückt wird, dass Gott die Sehnsucht stillen möge, die in der meditatio aufgeflammt ist. Das Ziel des Bibellesens war ja, die Sehnsucht nach Gott, die Sehnsucht nach dem Mitsein mit Jesus Christus zu wecken. Es ging nicht darum, das Wissen über Gott zu mehren, sondern die Sehnsucht nach ihm zu entfachen. Denn in der Sehnsucht nach Gott ist schon Gott, so wie in der Sehnsucht nach Liebe schon Liebe ist, wie Antoine de Saint-Exupéry einmal gesagt hat. In der Sehnsucht nach Gott spüren wir Gott und erfahren die Spur, die Gott in unser Herz eingegraben hat.

Die Schriftlesung der Mönche war von heftigem Verlangen nach Gott geprägt. Vor allem Papst Gregor der Große, der die Spiritualität der Mönche stark geprägt hat, hat von dieser Sehnsucht geschrieben. Jean Leclercq nennt ihn deshalb „Lehrer der Sehnsucht". Leclercq spricht gern vom geistlichen Flug: „Auf Flügeln, gleichsam auf den Schwingen des Adlers, müssen wir uns erheben, uns zu Gott aufschwingen, ihn suchen, zu ihm eilen." (Leclercq, 41) Die Sehnsucht verleiht der Spiritualität der Mönche einen dynamischen Zug: „Es geht um ein ständiges Voranschreiten; denn je inständiger die Sehnsucht wird, um so mehr findet sie in einer gewissen Form des Gottbesitzens Erfüllung und erfährt dadurch eine neue Steigerung. Die Frucht dieser Sehnsucht ist der in Gott wieder gefundene Frieden; denn die Sehnsucht ist schon Besitz, in dem sich Furcht und Liebe zur Einheit verbinden: Hier auf der Erde ist die Sehnsucht die eigentliche Form der Liebe; in ihr findet der Christ die Freude Gottes und die Vereinigung mit dem verherrlichten Herrn." (Ebd., 42) Gregor selbst drückt das mit den Worten aus: „Wer mit seinem ganzen Herzen nach Gott verlangt, besitzt ganz gewiss schon den, den er liebt." (In Ev 30,1)

Contemplatio

Der vierte Schritt der lectio divina ist die contemplatio. Sie meint ein Beten ohne Worte, ein Verkosten Gottes ohne Gedanken, Gefühle und Vorstellungen. Contemplatio meint das reine Schweigen. Für die Mönche ist die contemplatio immer Geschenk der göttlichen Gnade. Die ersten drei Schritte der lectio divina kann ich üben, den letzten Schritt muss mir Gott schenken. Ich habe die Worte der Schrift gelesen und meditiert. Jetzt führen mich die Worte in das wortlose Geheimnis Gottes, in ein Geheimnis, das durch Worte nicht mehr ausgedrückt werden kann. Es ist ein reines Dasein, Einssein mit Gott. Ich sehe nicht etwas Bestimmtes, sondern ich blicke auf den Grund. Auf einmal wird mir alles klar. Ich bin eins mit Gott, mit mir selbst, einverstanden mit meinem Leben. Papst Gregor hat das Wesen der contemplatio in einer Szene aus dem Leben des heiligen Benedikt beschrieben. In einem einzigen Augenblick hat Benedikt die ganze Welt erblickt, er hat ihr auf den Grund gesehen. Er war eins mit allem, was ist. Gregor erklärt diese Schau Benedikts so: „Wenn die Seele ihren Schöpfer schaut, wird ihr die ganze Schöpfung zu eng. Hat sie auch nur ein wenig vom Licht des Schöpfers erblickt, wird ihr alles Geschaffene verschwindend klein. Denn im Licht innerer Schau öffnet sich der Grund des Herzens, weitet sich in Gott und wird so über das Weltall erhoben." (Gregor, Dialoge II, 35)

*

Die Mönche haben den Zusammenhang der vier Schritte der lectio divina mit verschiedenen Bildern beschrieben. Die lectio sucht die Wonne des göttlichen Wortes, die meditatio findet sie, die oratio drückt die Sehnsucht nach dem Verkosten des göttlichen Wortes aus und die contemplatio genießt die Wonne, die Gott durch seine Worte im Herzen des Menschen auslöst. Ein anderes Bild: Die lectio bricht das Alabastergefäß des göttlichen Wohlgeruches entzwei. Die meditatio riecht einen Hauch. Die oratio drückt die Sehnsucht nach dem vollen

Wohlgeruch aus und die contemplatio genießt ihn. Ohne meditatio wird die lectio trocken. Doch ohne lectio gerät die meditatio in Gefahr, den festen Halt zu verlieren. So führen alle vier Schritte immer tiefer in das Geheimnis der göttlichen Liebe hinein, die in jedem Wort der Bibel anklingt.

*

Ich möchte Sie, liebe Leserin, lieber Leser, einladen, diese Methode der Mönche einmal auszuprobieren, selbst wenn sie ungewohnt ist. Lassen Sie sich nicht davon abhalten, dass wir beim Lesen normalerweise sofort beginnen, nachzudenken und unsern Verstand einzuschalten.

Nehmen Sie zur lectio divina das 15. Kapitel aus dem Johannesevangelium. Setzen Sie sich ruhig hin und stellen Sie sich vor, dass Christus, der bei Gott in seiner Herrlichkeit thront, jetzt ganz persönlich zu Ihnen spricht. Er spricht Worte, die Himmel und Erde verbinden, die er damals vor seinem Tod gesprochen hat und die er jetzt als Auferstandener und von Gott Erhöhter zu Ihnen spricht. Beim Lesen wird sich automatisch Ihr kritischer Verstand einschalten und fragen, ob diese Worte wirklich von Jesus stammen oder ob Johannes sie nur komponiert hat. Unser Verstand ist wichtig, aber jetzt, bei dieser Meditation, sagen Sie sich vor: „Die Zweifel verschiebe ich auf morgen. Jetzt in diesem Augenblick nehme ich die Worte einfach, wie sie sind. Ich tue so, als ob sie stimmen. Und ich frage mich, wie ich mich fühle, wenn diese Worte die eigentliche Wirklichkeit sind." Dann nehmen Sie die Bibel zur Hand und beginnen langsam zu lesen. Wenn Sie ein Wort berührt, halten Sie inne und lassen das Wort in Ihr Herz fallen. Wiederholen Sie es im Stillen und versuchen Sie, das Geheimnis des Wortes zu erfühlen, zu verkosten und fragen Sie sich, wenn es stimmt, was dieses Wort sagt: Wer bin ich dann? Wie kann ich mich dann verstehen? Lassen Sie das Wort solange in Ihr Herz eindringen, bis Ihre Aufmerksamkeit nachlässt. Bitten Sie dann Gott kurz darum, dass er Ihre Sehnsucht erfüllen möge. Und dann lesen Sie langsam weiter und lassen die Worte wieder ins Herz fallen. Trauen Sie dem Rhythmus Ihres Herzens. Sie müssen gar nicht weit kommen mit dem Text. Nehmen Sie sich nur vor, 20 Minuten auf diese Weise mit dem Text umzugehen. Dann können Sie die Bibel weglegen und einfach nach innen horchen. Sie brauchen die Worte nicht mehr zu wiederholen. Sie sitzen einfach unter dem Eindruck dieser Worte in der Gegenwart Gottes. Vielleicht erahnen Sie dann etwas von dem, was die „contemplatio" meint. Das Lesen hat Sie in die Stille geführt. Die Worte haben für Sie die Tür zum wortlosen Geheimnis Gottes aufgeschlossen. Jetzt sind Sie in Gott, ohne Worte, ohne Vorstellungen, ohne Bilder. Sie sind einfach ganz da, ganz in Gott und von Gott erfüllt. Sie müssen keine Vorsätze fassen, was Sie heute ändern wollen. Sie sind Gott in seinem Wort begegnet. Das genügt. Das verwandelt Sie, Ihr Sprechen und Ihr Tun, ohne dass Sie es sich mit dem Willen vornehmen müssen.

Morgen- und Abendrituale

Ein anderer Übungsweg, um im Alltag Stille zu erfahren, verwendet Rituale. Rituale – so sagen die Griechen – schaffen eine heilige Zeit und einen heiligen Ort. Heilig ist das, was der Welt entzogen ist, worüber die Welt keine Macht hat. Im Ritual finde ich mitten in der Zeit etwas, worüber die Zeit nicht verfügen kann. Die Zeit gehört Gott und sie gehört mir, in der Zeit bin ich ganz bei mir und ganz bei Gott.

Rituale als heilsame Unterbrechung bringen mich in Berührung mit mir selbst und mit meiner tiefsten Wirklichkeit. Ich werde nicht mehr von der Welt mit ihren Problemen bestimmt, sondern sie steht still. Und in dieser Stille komme ich in meine eigene Mitte. Selbst wenn das Ritual nur wenige Augenblicke dauert, so führt es mich doch täglich in die Stille, in einen Raum, in dem die Unruhe stehen bleibt. In diesem Stehenbleiben werde ich still.

Ein anderes Bild für Rituale: Rituale schließen eine Tür und öffnen eine Tür. Gerade am Abend muss die Tür der Arbeit geschlossen werden, damit sich die Tür zum Zuhause, die Tür der Familie öffnen kann. Wenn ich die Unruhe der Arbeit mit nach Hause nehme, werde ich nie zur Ruhe kommen. Vielen Menschen gelingt es nicht, die Tür der Arbeit zu schließen; auch daheim sind sie ständig bei der Arbeit. Im Bild gesprochen könnte man sagen: Sie stehen ständig im Durchzug. Doch das tut weder dem Körper noch der Seele gut. Wer im Durchzug steht, kommt nicht zu sich. Wir müssen Türen schließen, damit sich andere für uns öffnen, durch die wir den Raum der Stille betreten. Rituale ermöglichen es uns, die Türen zu Räumen voller Unruhe zu schließen. Nur so können wir ganz dort sein, wo wir gerade sind. Wir brauchen geschlossene Räume, um in den inneren Raum der Stille zu gelangen.

Im Folgenden beschreibe ich einige Morgen- und Abendrituale, die uns zu Beginn und am Ende des Tages mit uns selbst und mit der Stille in Berührung bringen.

Ein gutes Morgen- und Abendritual ist, jeweils 25 Minuten lang zu meditieren, mit dem Jesusgebet oder einem inneren Bild zu sitzen und auf den Atem zu achten. Doch viele Menschen finden morgens keine Zeit, um zu meditieren, und am Abend sind sie zu müde dafür. Aber auch durch kurze Rituale können wir zur Ruhe kommen. Ein einfaches Ritual ist eine bestimmte Gebärde. Sie sammelt nicht nur den Leib, sondern auch die Gedanken und sie hören auf, hin und her zu tanzen.

Als Morgenritual eignen sich zwei Gebärden. Da ist einmal die *Orante-Haltung*. Dabei erhebe ich die Arme und Hände und öffne sie zu einer großen Schale. Orante war offensichtlich die eigentliche Gebetshaltung in der frühen Kirche, wie die vielen Darstellungen in den Katakomben belegen. In dieser Haltung öffne ich den Himmel über meinem Leben. Ich danke Gott für den neuen Tag und ich spüre die Weite, in die Gott mich hineinstellt. Ich denke aber auch an die Menschen, mit denen ich lebe. Auch für sie, denen der Himmel oft genug verhangen ist, möchte ich den Horizont öffnen, damit es in ihrem Leben heller wird, damit sie mitten in ihrem Trubel Gott erfahren dürfen. Und ich erahne in dieser Gebärde, dass ich heute mit meinem Leben in diese Welt eine Spur eingraben möchte, die den Himmel über den Menschen öffnet und sie an Gott erinnert, der sie trägt.

Als anderes Morgenritual eignet sich die *Segensgebärde*. Dabei erhebe ich meine Hände und richte sie anders als bei der Orante-Haltung nicht nach oben, sondern nach vorne. Ich lasse den Segen Gottes durch meine Hände zu den Menschen strömen, die mir wichtig sind, mit denen ich lebe, mit denen ich arbeite. Nach diesem Segen werde ich die Menschen, denen ich heute begegne, anders erleben, denn ich treffe gesegnete Menschen. Wenn ich mit einem Kollegen Streit hatte, bin ich normalerweise gehemmt und weiß nicht, wie ich ihm gegenübertreten soll. Habe ich ihn jedoch innerlich gesegnet, kann ich ihm offen begegnen. Und ich kann die Menschen, die ich gesegnet habe, loslassen. Das gilt vor allem für Eltern, die ihre Kinder segnen. Sie brauchen die Kinder nicht den ganzen Tag zu kontrollieren, sondern können darauf vertrauen, dass sie unter dem Segen Gottes ihren Weg gehen. Der Segen Gottes hüllt sie gleichsam ein.

Ich sende den Segen Gottes aber nicht nur zu den Menschen, sondern auch in die Räume, in denen ich lebe und arbeite, in die Räume meiner Wohnung und in die Bereiche meiner Arbeit. Nach diesem Segen erlebe ich diese Räume anders. Manche Menschen spüren sehr deutlich, dass in ihrem Wohnzimmer oder im Büro noch ein Konflikt und die schlechte Stimmung vom Vortag hängen. Wenn ich den Segen Gottes in einen solchen Raum strömen lasse, werde ich ihn anders betreten. Ich gehe dann in einen gesegneten Raum. Er ist von Gottes Liebe erfüllt und nicht mehr nur von den negativen Emotionen der Menschen. In einem gesegneten Raum kann ich aufatmen, dort fühle ich mich frei. In einem Raum voller Spannungen dagegen wird mein Atem eng und ich fühle mich nicht wohl.

Auch am Abend eignen sich zwei Gebärden für ein kurzes Abendritual, das mich zur Ruhe bringt. Bei der ersten Gebärde halte ich die *Hände in Form einer Schale* vor mich hin. Ich halte in den Händen Gott das hin, was ich heute in die Hand genommen habe, was ich geformt, gebildet, auf den Weg gebracht habe. Die Hand ist ein Bild für mein Handeln, das ich in dieser Gebärde am Abend loslasse und Gott übergebe, damit er es zum Segen werden lasse für mich und für die, für die ich gehandelt habe. Ich halte in meiner Hand auch die Menschen hin, die ich heute berührt habe. Und ich spüre in meine Hand hinein, um zu erahnen, was Gott mir heute in die Hand gelegt hat, womit er mich beschenkt hat, mit einer Fähigkeit, mit einer Begegnung, mit einem Erlebnis, mit einer Einsicht. Und ich danke Gott für den heutigen Tag.

Oft haben wir den Eindruck, dass der Tag an uns vorbeigegangen, uns gleichsam zwischen den Fingern zerronnen ist. In der Gebärde der Schale halte ich meinen Tag Gott hin und übergebe ihn an Gott. Dadurch wird es mein Tag und das Zerrissene und Zerronnene wird wieder ganz. Viele Menschen können abends nicht richtig einschlafen, weil sie ihren Tag nicht losgelassen haben, weil sie keine Distanz zu dem bekommen, was sie aufgewühlt hat. Das Ritual der offenen Hände ist keine Garantie, gut einzuschlafen. Aber es ist eine Hilfe, meinen Tag in Gottes Hände zu übergeben und so eine gute Distanz zu dem zu bekommen, was mich heute bewegt hat. Ich kann mich getrost in Gottes gute Hände fallen lassen. Meine Hände erinnern mich an Gottes zärtliche Hände, die mich in der Nacht tragen, in die ich mich bergen darf. Ich kann auch daran denken, dass Gott seinen Namen in meine Hand geschrieben hat und meinen Namen in seine Hand. So erinnern mich meine Hände daran, dass ich in Gott bin und Gott in mir.

In der anderen Gebärde, die sich gut als Abendritual eignet, *kreuze ich die Arme über der Brust*. Als Hintergrund für diese Gebärde ist für mich ein Wort von Henry Nouwen, dem holländischen Theologen und Psychologen, wichtig geworden. Er hat einmal gesagt, viele Menschen seien ausgebrannt, weil sie ständig die Tür ihres Ofens offen haben. Geistliches Leben aber heißt, die Türe zu schließen und das innere Feuer, die Glut des Heiligen Geistes zu hüten. Wenn wir am Abend die Hände über der Brust kreuzen, ist es gleichsam, als ob wir die Tür schließen, um den inneren Raum, den heiligen Raum in uns zu schützen, damit das innere Feuer des Heiligen Geistes alles in uns durchglühen kann, das Ausgebrannte, Verdorrte und Erkaltete, und wir eine innere Wärme in uns spüren. In dieser Gebärde gehen wir selber zärtlich mit uns um. Wir nehmen das Gegensätzliche in uns an und vertrauen darauf, dass Gottes Liebe in alle Gegensätze unseres Leibes und unserer Seele eindringt und sie wärmt.

Wir können diese Gebärde aber auch mit anderen Bildern verbinden: Ich hüte den heiligen Raum in mir, zu dem die Welt keinen Zutritt hat, zu dem die Menschen mit ihren Ansprüchen und Erwartungen, mit ihren Urteilen und Beurteilungen nicht vordringen können. Ich schütze den Raum, in dem niemand mich verletzen kann. Auch meine eigenen Gedanken und Emotionen, meine Ängste und Sorgen, meine Selbstentwertungen und Selbstbeschuldigungen haben keinen Zutritt zu diesem inneren Raum. Selbst die Schuldgefühle, die mir oft meine Ruhe rauben, haben dort keinen Platz.

Diesen Raum der Stille in mir muss ich nicht schaffen. Die Stille ist schon in mir, der Raum, in dem die Welt schweigt, ist schon in mir. Dort, im Raum der Stille wohnt Gott in mir, da wohnt Christus in mir. Und dort, wo Christus in mir wohnt, bin ich frei, da herrscht niemand über mich. Dort, wo Christus in mir ist, bin ich heil und ganz und komme in Berührung mit meinem wahren Selbst. Dort bin ich ganz ich selber, ganz authentisch. Der biblische Ausdruck „Reich Gottes" meint auch diesen Raum in mir, in dem Gott herrscht. Wenn Gott in mir herrscht, bin ich frei von der Macht der Welt.

Ein anderes Bild sieht diesen inneren Raum als Raum, in dem das Geheimnis wohnt. Mit den Worten „Geheimnis" und „Heim" hängt das deutsche Wort „Heimat" zusammen. Im Heim kann ich mich niederlassen und hinlegen, dort bin ich daheim. Heimat aber entsteht erst dort, wo das Geheimnis wohnt. Wenn ich am Abend den Raum des Geheimnisses in mir schütze, kann ich bei mir daheim sein und noch mehr: Ich kann in mir Heimat finden, weil in mir das Geheimnis wohnt. So komme ich in mir zur Ruhe.

Wenn ich am Ende eines Vortrages manchmal alle Zuhörer und Zuhörerinnen einlade, aufzustehen und die Hände über der Brust zu kreuzen, entsteht oft eine wunderbare Stille. Wenn über 1000 Menschen miteinander in dieser Gebärde schweigen und niemand hustet, dann fühlen sich alle tief verbunden. Wenn jemand dann doch hustet oder sich räuspert, spürt man genau, dass er die Stille nicht aushalten kann. In diese Stille hinein, in diesen inneren Raum des Schweigens hinein spreche ich dann das alte kirchliche Abendgebet. Und ich erlebe immer wieder, wie diese über 1600 Jahre alten Worte die Herzen auch heute berühren: „Herr, kehre ein in dieses Haus. Und lass deine heiligen Engel darin wohnen. Sie mögen uns in Frieden behüten. Und dein heiliger Segen sei allezeit über uns und um uns und in uns. Darum bitten wir durch Christus, unsern Herrn."

Jeder muss für sich spüren, welches Morgen- und Abendritual für ihn gut ist, damit er mit sich in Berührung kommt, damit er den Morgen gut beginnen und den Abend gut beschließen kann. Bei aller Distanz zu kirchlichen Ritualen erkennen und erspüren immer mehr Menschen die Notwendigkeit von Ritualen, die uns eine heilige Zeit erschließen, die uns gehört, über die niemand verfügen kann. Denn sonst haben wir das Gefühl, dass wir nur von außen bestimmt werden. Ständig bin ich irgendwelchen Erwartungen ausgesetzt. Die Rituale geben mir das Gefühl, dass ich selber lebe, anstatt gelebt zu werden. Und sie bringen mich in Berührung mit mir selbst. Wenigstens einmal oder zweimal am Tag habe ich das Gefühl, ganz im Augenblick zu sein, im Einklang mit mir selbst, still zu werden, um mich aus dieser Stille heraus neu in den Lärm des Alltags zu wagen. Manchmal gelingt es mir, die Stille, die ich im Morgenritual erfahren habe, auch mitten in den Turbulenzen des Alltags zu bewahren. Dann hat der Alltag keine Macht über mich. Vielmehr präge ich selber den Tag und gestalte ihn aus der inneren Stille, aus meiner inneren Mitte heraus.

Es ist gut, nicht nur für den Morgen und den Abend ein Ritual zu haben, das in die Stille führt.

Auch während der Arbeit können einfache Unterbrechungen hilfreich sein. Beispielsweise kann ich den Gang zu einer Sitzung zu einem kleinen Ritual machen und mich innerlich auf die Sitzung vorbereiten. Ich kann das Gespräch mit einem Mitarbeiter oder eine Teamsitzung mit einem kleinen Ritual beginnen. Rituale schließen eine Tür und öffnen eine Tür. Wenn die Tür des unverbindlichen Plauderns geschlossen wird, kann die Tür zu einem intensiven Gespräch aufgetan werden.

Wir brauchen im Alltag immer wieder solche heilsamen Unterbrechungen, die uns mit uns selbst und mit der Stille in uns in Berührung bringen, damit wir nicht aufgehen in der Hektik, die nach uns greift.

Die Türhüterübung

Eine wichtige Übung der frühen Mönche war es, bei aller inneren und äußeren Unruhe einfach in ihrem Kellion, in ihrer kleinen Behausung auszuharren. Viele Mönchsväter raten dem, der am liebsten auf und davon möchte oder der sich durch gute Taten beweisen will, einfach in seiner Klosterzelle zu bleiben und dort auszuharren. Ich brauche gar nicht zu beten oder zu meditieren. Ich soll es nur bei mir selbst aushalten. Das bringt mich wieder in Ordnung. In diesem stillen Sitzen kommen natürlich viele Gedanken und Gefühle hoch. Aber ich fliehe nicht davor, sondern ich halte sie vor Gott aus und ich halte sie Gott hin. Vor Gott kommen sie zur Ruhe.

1200 Jahre nach den frühen Mönchen hat der französische Mathematiker und Mystiker Blaise Pascal festgestellt, dass es deshalb so schlecht um den modernen Menschen bestellt sei, weil niemand mehr allein in seinem Zimmer bleiben kann. Er hat verstanden, wie heilsam das Bleiben in seinem Zimmer sein kann. Es bringt uns mit unserer Wahrheit in Berührung.

Evagrius Ponticus hat eine interessante und therapeutisch höchst wirksame Übung entwickelt, um dieses Aushalten im Kellion fruchtbar werden zu lassen. Es handelt sich um die sogenannte Türhüterübung. Evagrius Ponticus bezieht sich dabei auf das Gleichnis Jesu im Markusevangelium: „Seht euch vor und bleibt wach! Denn ihr wisst nicht, wann die Zeit da ist. Es ist wie mit einem Mann, der sein Haus verließ, um auf Reisen zu gehen: Er übertrug alle Verantwortung seinen Dienern, jedem eine bestimmte Aufgabe; dem Türhüter befahl er, wachsam zu sein." (Markus 13,33f.) Auf dem Hintergrund dieses kurzen Gleichnisses schreibt Evagrius einem Mönch: „Sei ein Türhüter deines Herzens und lass keinen Gedanken ohne Befragung herein. Befrage einen jeden Gedanken einzeln und sprich zu ihm: Bist du einer der unseren oder einer unserer Gegner? Und wenn er zum Hause gehört, wird er dich mit Frieden erfüllen. Wenn er aber des Feindes ist, wird er dich durch Zorn verwirren oder durch eine Begierde erregen." (Brief 11)

Die Übung kann konkret so ablaufen: Ich setze mich eine halbe Stunde in mein Zimmer, ohne zu beten, ohne zu meditieren, ohne zu lesen und ohne nachzudenken. Das ist gar nicht so einfach. Die einzige Bedingung ist jedoch nur, eine halbe Stunde auszuhalten. Nach und nach werden alle möglichen Gedanken in mir auftauchen. Ich befrage jeden Gedanken: „Was willst du mir sagen? Welche Sehnsucht steckt in dir?" Normalerweise werde ich spüren, dass alle Gedanken und Gefühle einen Sinn haben. Wenn ich meinen Ärger befragen, was er mir sagen möchte, so wird er mich vermutlich darauf hinweisen: „Grenze dich besser ab. Gib dem andern nicht so viel Macht. Löse das Problem, anstatt dich darüber zu ärgern." Dann wird der Ärger zu einem positiven Impuls.

Wenn Eifersucht an meine Tür pocht, kann ich sie befragen, welche Sehnsucht in ihr steckt. Vermutlich wird sie mich darauf hinweisen, dass in mir das Bedürfnis ist, dass einer nur mich allein liebt, dass ich für meinen Mann, für meine Frau, für meinen Freund der Einzige bin, den er/sie liebt. Wenn ich mir dieses Bedürfnis eingestehe, merke ich, wie übertrieben es ist. Aber ich verurteile mich nicht wegen des Bedürfnisses. Indem ich es zugebe, kann ich es relativieren. Ähnlich kann ich die Angst oder die Depression befragen und mich auf diese Weise mit diesen Gefühlen vertraut machen. Und auf einmal merke ich, dass sie mir letztlich etwas Gutes sagen wollen. Die Angst möchte mich auf das richtige Maß hinweisen, auf das Maß in dem, was ich mir zutraue, aber auch auf das rechte Maß in Bezug auf die Erwartungen an mein eigenes Selbstbild.

Vielleicht hat C.G. Jung diese Türhüterübung im Auge gehabt, als er von der Depression sagte, sie sei eine schwarz gekleidete Dame. „Wenn sie an deine Tür klopft, so lass sie ruhig eintreten. Sie hat dir Wichtiges zu erzählen."

Evagrius geht davon aus, dass es aber auch Emotionen gibt, die mir das Hausrecht streitig machen. Sie sind gleichsam Hausbesetzer, die sich in meinem Haus so breitmachen wollen, dass ich selbst nicht mehr darin wohnen kann. Solchen Gedanken soll ich die Tür weisen und die Tür vor ihnen verschließen. Das ist die Aufgabe des Türhüters. Wenn mich beispielsweise jemand ganz tief verletzt hat, dann kann ich die Kränkung noch nicht in mich einlassen. Sie würde mich ganz und gar mit Beschlag belegen und ich hätte keinen Abstand zu ihr. Sie würde also mein Haus besetzen und mich hinauswerfen und das täte mir nicht gut.

Es ist interessant, welche Erfahrungen Menschen mit dieser machen. Eine Teilnehmerin einer meiner Kurse hatte Probleme mit ihrer Tochter und alles Besprechen in einer Therapie und in der geistlichen Begleitung hatten ihr bisher nicht weitergeholfen. Sie hatte Angst, in der Türhüterübung wieder um dieselben Gedanken zu kreisen. Doch allein die Frage an die Gefühle „Welche Sehnsucht steckt in dir?" brachte ihr mitten in diesen Gefühlen inneren Frieden. Manche Menschen berichten, dass sie dann, wenn alle Gedanken und Gefühle sein dürfen, gar nicht so viel davon in sich wahrnehmen. Die Angst, von den Gedanken überschwemmt zu werden, ist meistens unbegründet. Wenn alle Gefühle sein dürfen, müssen sie sich nicht mit Gewalt zu Wort melden. So erleben viele Menschen diese halbe Stunde als beruhigend. Sie spüren auf einmal einen tiefen inneren Frieden in sich. Sie verbrauchen keine Energie mehr, um unliebsame Gedanken zu unterdrücken oder zu verdrängen. Alles darf sein, denn alles hat einen Sinn und alles kann uns letztlich zu uns selbst, in unsere Mitte, in unsere Wahrheit führen. Und nur die Wahrheit wird uns frei machen.

Es verlangt Mut, sich der eigenen Wahrheit zu stellen. Aber die Erlaubnis, dass alle Gefühle und Gedanken sein dürfen, nimmt ihnen schon ihre Macht. Und hilfreich ist die Vorstellung, dass die Gefühle mich nicht überschwemmen, sondern dass ich sie befrage. Ich habe also einen Standpunkt, von dem aus ich mich den Emotionen zuwende. Die Rolle des Türhüters gibt mir gleichsam Sicherheit und Klarheit, um die Gedanken und Gefühle so zu behandeln, dass sie mir hilfreich sind und mich nicht mehr bestimmen.

Das Ergebnis der Türhüterübung ist meistens ein großer Friede und eine intensive Stille. Allerdings ist es keine Übung für jeden Tag. Nur wenn wir in uns eine tiefe Unruhe spüren, sollten wir uns eine halbe Stunde in unser Zimmer setzen und all die Gedanken und Gefühle befragen, die in uns auftauchen.

Meditation und Musik

Eine Musikerin erzählte mir, sie tue sich schwer mit der Schweigemeditation. Wenn sie still sitzt und ihrem Atem folgt, dann ertönen in ihr ganz bestimmte Melodien. Bei einem Meditationskurs hatte sie ständig ein schlechtes Gewissen, weil sie nicht die Stille erreichte, von der der Meditationsleiter gesprochen hatte. Ich ermutigte sie, ihren eigenen Weg der Meditation zu finden, denn es könnte ja gerade die Musik sein, die sie in die Stille führt. Da hellte sich ihr Gesicht auf und sie sprach von einer tiefen Erfahrung von Stille und Musik. Sie hatte eine CD mit einer Aufnahme von Dinu Lipatti gehört, dem rumänischen Pianisten, der Bach so klar und rein gespielt hat wie kein anderer. In seinem Spiel war kein Ego, sondern reine Musik, Durchlässigkeit für das Geheimnis der Musik. Dinu Lipatti spielte jeden Morgen, bevor er mit dem Üben begann, den Bach-Choral „Jesus bleibet meine Freude" aus der Bachkantate „Herz und Mund und Tat und Leben" (BWV 147). Immer klarer und einfacher spielte er das Stück. Bei seinem letzten Konzert kurz vor seinem Tod – Dinu Lipatti hatte Leukämie und starb bereits mit 33 Jahren – verließen ihn die Kräfte und er konnte sein Programm nicht bis zu Ende spielen. Er verabschiedete sich mit diesem Choral. Er, der keine Kraft mehr hatte, spielte die Musik zu der Zeile: „Er ist meines Lebens Kraft." Die Zuhörer waren zutiefst beeindruckt. Als die Musikerin diese klaren und lauteren Töne zu diesem Text hörte, erlebte sie eine tiefe innere Stille, die sie nur mit Gotteserfahrung bezeichnen konnte. In diesem Moment war für sie der Himmel offen, alles war eins.

Für mich selbst ist es wichtig, mir von Zeit zu Zeit eine Bachkantate anzuhören. Ich setze den Kopfhörer auf und schließe die Augen, ich lasse mich in die Musik hineinfallen und lasse die Musik in mein Ohr, in mein Herz, in meinen Leib dringen. Das sammelt mich und erzeugt in mir oft eine tiefe Stille. Ich fühle mich getragen und geborgen, berührt vom Geheimnis Gottes, durchdrungen von Liebe. Die Musik führt mich in eine Tiefe, die ich durch die Schweigemeditation nicht immer erreiche. Ähnlich geht es mir, wenn ich in einem Konzert sitze und einfach nur die Musik auf mich wirken lasse. Die Musik sammelt mich und führt mich in die Tiefe. Sie erhebt mein Herz und meine Seele.

So wie für mich ist Musik für viele Menschen ein wichtiger Weg zur Stille und niemand sollte ihnen diesen Weg nehmen. Andere Menschen können den Weg der Schweigemeditation mit Musik verbinden. Die Schweigemeditation öffnet sie für die Musik und wenn sie nach einer Meditation Musik hören, nehmen sie sie intensiver wahr.

Vielen Menschen fehlt am Abend die Energie, um etwas Sinnvolles zu lesen. Auch bei der Meditation können sie sich nicht konzentrieren; sie sind zu müde dazu. Häufig setzen sie sich vor den Fernseher und hoffen, dadurch zur Ruhe zu kommen. Aber das Gegenteil tritt ein. Sie werden mit so vielen Bildern zugestopft, dass sie sie selbst nachts im Schlaf kaum loswerden. Ich rate Menschen, die meine geistliche Begleitung suchen, den Abend bewusst zu gestalten. Eine Möglichkeit ist es, bewusst Musik auszusuchen und sich dieser Musik auszusetzen. Jeder hat seine Lieblingsmusik und wird spüren, was ihm gemäß ist. Ich höre bei der Musikauswahl in mich hinein, was mir jetzt gerade gut tut. Oft es ist eine Bachkantate, manchmal ist es ein Violinkonzert oder Klavierkonzert von Mozart. Wenn ich Ärger loswerden muss, lege ich entweder die „Hochzeit des Figaro" oder „Cosi fan tutte" auf. Der Ärger weicht dann oft einer tiefen Sehnsucht nach Liebe, wie sie in unendlicher Schönheit in der Musik Mozarts hörbar wird. Manchmal lege ich auch bewusst schwierigere Musik auf, die aber letztlich auch in die Stille führt: Musik von Arvo Pärt oder von Gustav Mahler. Solche Musik kann ich aber nur hören, wenn ich mich von allem andern freimache und mich nur auf das Hören einlasse. Dann ordnet die Musik meine Seele und bringt sie zur Ruhe.

Der katholische Theologe Ulrich Brand hat sich intensiv mit Musikmeditation beschäftigt. Er versteht darunter: „in das Hörbare eindringen, durchdringen bis zur Wirklichkeit hinter den Tönen, die selber Stille ist und doch alles zum Erklingen bringt und alles nach jenen Maßen ordnet, die wir in der Musik als Intervall und Harmonie wahrnehmen" (Brand, 54). Dabei sollte man sich davor hüten, die Musik zu interpretieren oder über sie nachzudenken. Es geht vielmehr um absichtslose Aufmerksamkeit. Brand zitiert Benjamin Britten, der die Musikhörer dazu aufforderte, sich ganz auf die Musik einzulassen: „Träumt nicht in den Tag hinein, wenn ihr zuhört. Ich bin bestürzt darüber, dass viele Leute Musik nur um der Gedanken willen lieben, die sie in ihnen beim Zuhören erweckt. Sie stellen sich wundervolle Szenen vor, Wälder mit rauschenden Bäumen, oder sie sehen sich selbst in irgendwelchen romantischen Situationen. Das macht ihnen Vergnügen, aber es ist dann nicht die Musik, die sie erfreut, sondern es sind die von der Musik angeregten Assoziationen. Das Höchste an Nutzen und Freude beim Anhören von Musik liegt viel tiefer: in der Wertschätzung und Liebe zu den Melodien um ihrer selbst willen, zum Erregenden der Rhythmen, zur Faszination der Harmonie um ihrer selbst willen, in der überwältigenden Befriedigung, die uns ein gut gebautes Musikstück gibt." (Ebd., 57f.) Es geht also nicht um Deutung der Musik, sondern um ein Erleben der Musik um ihrer selbst willen. Das meint absichtsloses Hören. Und nur dieses absichtslose Hören führt uns in eine tiefe innere Stille. In dieser Stille berühren uns Melodien oder Worte so tief, dass wir in das Innerste unserer Seele gelangen können.

Auf den ersten Blick scheint es ein Gegensatz zu

sein, durch das Hören von Musik zur Stille gelangen zu wollen. Aber Musik und Stille gehören zusammen, denn in der Musik höre ich ja nicht mehr die einzelnen Töne, sondern den, der sich in den Tönen ausspricht. Für mich ist das letztlich nicht allein der Komponist, sondern Gott selbst. Alle Töne verweisen auf das Unhörbare, den Unhörbaren, auf Gott. Ulrich Brand sieht die Verbindung von Musik und Stille so: „Reine Stille und Musik scheinen Gegensätze, Widerspruch sogar zu sein. In Wirklichkeit führt die Musik selbst in die geistige Stille. Wer es einmal ehrlich versucht hat, mit ganzer Aufmerksamkeit den Tönen zu folgen und alles, was nicht Ton ist, als Ablenkung von sich zu weisen, wird beobachtet haben, dass ihn die Musik vom Gegenständlichen ablöst." (Ebd., 84) Der französische Schriftsteller Marc de Smedt zitiert die Erfahrung einer Freundin, die ihm sagte: „Nur wenn ich Musik höre, empfinde ich Stille um mich." Dazu schreibt er: „Der Ton, jeglicher Ton, entspringt der Stille und kehrt wieder in sie zurück. Durch die innere Stille, die er auslöst, kann uns der harmonische Klang Zutritt zu höheren Seinszuständen verschaffen. In der Antike sah man die Musik als eines der geeignetsten Mittel an, um mit den Göttern in Verbindung zu treten." (de Smedt, 94)

Wenn ich eine Kantate von Johann Sebastian Bach höre und mich nur der Musik und ihrer Botschaft überlasse, dann führen mich die Töne und die Worte in Gott hinein. Es geht nicht um ein Beurteilen, wie der Sänger oder die Sängerin eine Arie interpretiert, sondern einfach nur darum, mit dem ganzen Körper zu hören und das, was die Musik erklingen lässt, durch alle Fasern meines Leibes und meiner Seele dringen zu lassen. Dann höre ich in den Tönen schon das Unhörbare mit. Und wenn die Musik erklungen ist und ich noch nachhöre, darf ich oft die Erfahrung machen, dass sich eine tiefe Stille um mich breitet. Die Musik hat mich in diese unbeschreibliche Stille hineingeführt.

Einfache wiederholende Tätigkeiten

Karlfried Graf Dürckheim, den ich in den siebziger Jahren des letzten Jahrhunderts öfter besucht habe, hat versucht, die Zen-Meditation, die er in Japan kennen gelernt hatte, mit Jungscher Psychologie zu verbinden. Er zitierte des Öfteren den altjapanischen Satz: „Damit etwas religiöse Bedeutung gewinnt, sind nur zwei Bedingungen nötig: Es muss einfach sein und wiederholbar." In seinem Buch „Der Alltag als Übung" interpretiert er diesen Satz so: „Das, was gekonnt ist, entlässt, gerade weil es gekonnt ist, den Menschen aus dem Bann des Ichs, das um den Erfolg noch bemüht sein muss. Es erleichtert auch die Unabhängigkeit vom Beifall der Welt und gibt den Weg nach innen frei." (Dürckheim, 17) Anhand zahlreicher Beispiele zeigt er, wie etwas ganz Einfaches zum Weg nach innen, zum Weg in die innere Stille und ein Weg in die Freiheit vom Ego werden kann: „Ein Brief soll in den Kasten, hundert Schritte entfernt. Hat man nur den Einwurf im Auge, dann sind die hundert Schritte vertan. Ist man als Mensch auf dem ‚Weg', vom Sinn des Menschseins erfüllt, dann kann man sich auf dem kürzesten Gang, geht man ihn nur in der rechten Haltung und Einstellung, in Ordnung bringen und vom Wesen her erneuern." (Ebd., 16)

Ich kann die vielen kleinen Wege, die ich im Alltag gehe – zum Briefkasten, zum Einkaufen, zum Büro des Arbeitskollegen – möglichst schnell hinter mich bringen und bin dann bei allem, was ich tue, gehetzt. Hetzen aber kommt von Hassen. Wenn ich mich hetzen lasse, hasse ich mich selbst und bin nicht in dem, was ich tue. Ich fühle mich unter Zwang, alles Mögliche tun zu müssen. Wenn ich dagegen das, was ich sowieso tue, in innerer Sammlung tue, dann kann ich in allem die innere Stille wahrnehmen. Ebenso gilt: Wenn ich bewusst in meinem Gehen bin, dann können mich die vielen Gänge meines Alltags in die innere Ordnung und Ruhe führen. Graf Dürckheim rät dazu, einfache alltägliche Arbeiten, wie das Kochen, das Putzen, das Bügeln, das Rasenmähen usw., zur Übung zu nutzen. Gerade ungeliebte Arbeiten können so zu einem Weg in die innere Ruhe werden. Wenn ich mein Zimmer putze, kann ich mich dabei ganz vergessen. Dann bringe ich nicht nur mein Zimmer in Ordnung, sondern auch mich selbst. Wichtig ist dabei jedoch die innere Haltung. Wenn ich mich ganz der Tätigkeit zu überlassen, ohne viel nachzudenken, dann führt mich das einfache Wiederholen zur Stille.

Dürckheims Ziel beim Alltag als Übung ist jedoch nicht nur, Stille zu erfahren. Letztlich geht es ihm um das Freiwerden vom Ego. Das ist der eigentliche Weg zur Stille, denn das Ego ist immer laut und geschwätzig. Es kommt nie zur Ruhe, weil es immer etwas verlangt. Für Dürckheim ist das Ziel des Weges, dem inneren Wesen nahe zu kommen. Er bezeichnet es als „Leben im Dienst am Sein". Das Wesen, das Sein, soll in mir zum Vorschein kommen. Das Ich, das immer tönt, soll dieses Wesen nicht mehr verstellen: „Die Übung auf dem inneren Weg ist allem zuvor die Übung eines Sich-Aufschließens für das in der Innerlichkeit erfahrbare Wesen, aus dem das Sein spricht und ruft." (Ebd., 36)

Für manche Menschen ist das Joggen ein guter Weg zur Stille. Allerdings ist es wichtig, wie ich jogge. Wenn ich mir jeden Tag vornehme, noch mehr und noch schneller zu laufen, dann stehe ich die ganze Zeit unter Druck. Wenn ich mich aber einfach dem Laufen überlasse, kann ich mich freilaufen von allem, was mich bewegt. Ich kann die gleichmäßige Bewegung mit einem Meditationswort verbinden oder mich einfach nur der Bewegung überlassen. Bereits das führt mich in ein inneres Gleichmaß und ich werde still. Eine Frau erzählte mir von ihrem Plan, jeden Tag eine andere Strecke zu laufen, damit keine Langeweile aufkommt. Aber dabei verläuft sie sich vielleicht und setzt sich damit unter Druck. Besser wäre es, immer die gleiche Strecke zu laufen, die Neugier zu ignorieren, sich nur dem Laufen zu überlassen und sich dabei selbst zu vergessen. Dieses Sich-selbst-Vergessen befreit von Grübeleien. Ich achte nicht auf die Kilometer, die ich laufe, sondern bin ganz im Laufen. Und ich genieße die Natur um mich herum, die aufgehende Sonne, den Wind, den frischen Duft des Morgens, den Geruch des Waldes, der Wiesen, der Felder. Ich werde eins mit der Natur, eins mit dem Laufen, eins mit mir selbst.

Für andere Menschen ist das Radfahren ein guter Weg, um zur Ruhe zu kommen. Auch hierbei geht es immer wieder um die gleichen Bewegungen, die fast mechanisch ablaufen. Mich der gleichmäßigen Bewegung zu überlassen, bringt mich zur Ruhe. Das Radfahren kann geradezu zum Symbol für das Leben werden. Gerade wenn es bergauf geht und ich mich anstrengen muss, kann ich darin ein Bild für all die inneren und äußeren Berge sehen, die ich in meinem Alltag bewältigen muss. Es braucht die Treue weiterzumachen, wenn ich in eine Krise komme, wenn mir alles schwer wird. Als Jugendlicher bin ich mit meinen Brüdern und Vettern in den Ferien mit dem Rad nach Österreich, Italien und in die Schweiz gefahren. Wir hatten wir den Ehrgeiz, kleinere Pässe wie den Fernpass zu fahren, ohne zu schieben. Damals hatten die Fahrräder nur drei Gänge. Trotzdem war es uns wichtig, langsam und konsequent den Berg hinaufzufahren. Das war ein Bild für unser Leben. Wir wollten uns durchbeißen durch Schwierigkeiten, stärker werden, wenn der Gegenwind uns ins Gesicht blies.

Viele Menschen finden durch Gartenarbeit zur Ruhe. Das gleichmäßige Umgraben des Bodens beruhigt. Gerade wenn ich mit der Erde in Berührung komme, kann ich meine ständig unruhigen Gedanken hinter mir lassen und mich stattdessen in mir spüren. Die Arbeit mit der Erde bringt mich in Berührung mit mir selbst, mit meinem Leib. Dieses Sich-Spüren vermittelt mir Ruhe und Stille. Viele Menschen suchen bei uns im Kloster Ruhe. Manche finden diese Ruhe in unserem Stundengebet, andere bei langen Spaziergängen. Aber viele wählen bewusst die Gartenarbeit. Die einfache Arbeit im Garten lässt sie zur Ruhe kommen, die Berührung mit der Erde tut ihnen gut. Für Menschen, die von einer neurotischen Unruhe oder von depressiven Stimmungen geplagt sind, ist das Arbeiten mit der Erde heilsam. Die Erde erdet sie.

Andere wählen eine kraftvolle Tätigkeit wie das Holzhacken oder das gleichmäßige Sägen von Holz. Dabei können sie innere Spannungen und Aggressionen loslassen. Bei dieser Tätigkeit strenge ich mich an, aber ich bin nachher nicht erschöpft, sondern nur redlich müde. Es ist eine gute Müdigkeit, die die Unruhe vertreibt. Die entspannende und beruhigende Wirkung erwächst aus der Gleichförmigkeit der einfachen Arbeit. Wenn ich beispielsweise achtsam den Hof mit immer wieder die gleichen Bewegungen kehre, dann tut das meiner Seele gut. Das äußere Tun ist Symbol für das Innere. Ich kehre allen den Schmutz aus mir heraus, ich reinige mich selbst von dem, was sich da an Staub angesammelt und was sich auf meine Seele gelegt hat. So kann alles äußere Tun zu einem Weg in die Stille werden, wenn ich es achtsam und aufmerksam vollziehe.

Jesus hat in seinen Gleichnissen vor allem das gleichmäßige Tun des Bauern als Bild für unser Leben gesehen. Er hat den Sämann beobachtet, wie er seinen Samen aussät. Ein Teil des Samens fällt auf den Weg, ein Teil auf felsigen Boden oder in die Dornen. Nur der Samen, der auf fruchtbaren Boden fällt, bringt reiche Frucht (Markus 4,1-9). In diesem Aussäen sieht Jesus ein Bild für unser Leben. Das Reich Gottes ist so, „wie wenn ein Mann Samen auf seinen Acker sät; dann schläft er und steht wieder auf, es wird Nacht und wird Tag, der Samen keimt und wächst und der Mann weiß nicht, wie. Die Erde bringt von selbst ihre Frucht, zuerst den Halm, dann die Ähre, dann das volle Korn in der Ähre." (Markus 4,26-28) Auch das ist ein Bild für unser Leben. Im Acker unserer Seele wächst die Frucht des Glaubens, ohne dass wir es merken.

Von Jesus können wir lernen, unser äußeres Tun als Bild für die innere Arbeit an unserer Seele zu sehen und das, was um uns herum geschieht, als Bild für unsere Beziehung zu Gott. Jesus war offensichtlich ein schauender Mensch. So hat er im Weinstock ein Bild für unsere Beziehung zu ihm gesehen. Er hat in der Tür ein Bild dafür gesehen, dass wir oft keinen Zugang zu unserem eigenen Innern haben. Jesus hat die Tür betrachtet und dann so über sie gesprochen, dass die Hörer wieder einen Weg zu sich entdeckt und den Schlüssel zu ihrem Herzen gefunden haben. So kann alles, was wir tun und was wir beobachten, zum Bild werden für unseren inneren Weg, für den Weg der Verwandlung, ein Bild dafür, dass Gottes Geist immer tiefer in uns eindringen und uns prägen möchte.

claudius
Bücher, die inspirieren

Gerne informieren wir Sie regelmäßig über Neuheiten aus unserem Programmbereich Spiritualität.

Füllen Sie einfach diese Postkarte aus und schicken Sie uns diese zu. Gerne auch per Fax an: 089/12172-138, Mail: vsb@epv.de

Haben Sie Rückmeldungen zu unseren Büchern? Schreiben Sie uns!

Ihr Claudius Verlag, Birkerstr. 22, 80636 München

www.claudius.de

☐ **Ja,** bitte informieren Sie mich regelmäßig über Neuheiten aus dem Programmbereich Spiritualität.

Name ....

Vorname ....

Straße ....

PLZ, Ort ....

E-Mail ....

Beruf ....

Geburtsdatum ....

Wir schicken Ihnen unsere Informationen kostenlos und unverbindlich.
Sie können die Zusendungen jederzeit wieder abbestellen!

Claudius Verlag
Birkerstr. 22
80636 München

Bitte freimachen

Liturgie und Stille

Viele Christen erleben den Gottesdienst oft als unruhig und finden nicht, was sie suchen. Manchmal hat die Unzufriedenheit auch mit ihrer inneren Zerrissenheit zu tun. Doch selbst ausgeglichenen Menschen, die ein Gespür für die Stille haben, fehlt oft die Stille in der Liturgie. Dabei geht es nicht um die Frage, wie lange die Meditationspausen sein sollen, sondern um die Qualität des Gottesdienstes insgesamt. Führt er in die Stille und zu Gott? Verdecken nicht manche Priester und Gläubige durch ständiges Agieren im Gottesdienst ihre Unfähigkeit zur Stille? Sensible Menschen spüren, ob ein Gottesdienst aus der Erfahrung der Stille heraus gefeiert wird oder aus innerer Zerstreuung und Leere.

In der frühen Kirche war Mystik immer auch Kultmystik und Christen haben tiefe Erfahrungen des Einswerdens mit Gott in der Liturgie gemacht. Die griechische Mystik ist in erster Linie eine Mystik des Schauens und Liturgie war für die griechischen Kirchenväter ein heiliges Schauspiel. Die Riten sind da, um geschaut zu werden und im Schauen wird der Mensch eins mit dem, was er sieht. Mir geht das jedes Jahr am Gründonnerstag neu auf. Etwa 30 Jugendliche tragen in einer schweigenden Prozession die Kelche, die Hostienschalen, die Kerzen und die Blumen vom Kirchenschiff an den Altar. Ein Mitbruder übt diese Prozession ein, nicht damit sie diszipliniert verläuft, sondern um den jungen Menschen den inneren Sinn ihres Tuns zu vermitteln. Sie tragen im Kelch das Leid der Welt vom Kirchenschiff, dem Raum des Volkes, zum Altar, zu Gott selbst, damit er dieses Leid verwandelt. Sie tragen in den Hostienschalen die Zerrissenheit der Menschen, die Tretmühle ihres Alltags empor zu Gott, damit der Alltag der Menschen erfüllt wird vom Geist Jesu. Wer sieht, wie achtsam und bewusst die Jugendlichen die Gaben zum Altar tragen, nimmt selbst teil an diesem Schauspiel. Das Schauspiel – so sagt der griechische Philosoph Aristoteles – führt zur Katharsis, zur Reinigung der Emotionen, zur inneren Klarheit. Wir brauchen heute wieder ein neues Gespür für das heilige Schauspiel, damit es uns im Schauen in Gott hineinführt und wir in Gott uns selbst finden. Wenn die Liturgie die Qualität des heiligen Schauspiels hat, dann führt sie uns zur Ruhe.

Ein Weg, die Stille in der Liturgie einzuüben, besteht darin, nach den Lesungen bewusst Augenblicke der Stille zu belassen und nicht sofort mit dem Lied auf den Bibeltext zu antworten. Das Wort will tief in die Seele eindringen und dazu braucht es Stille. Weiter ist es wichtig, bei der Liturgie nicht zu hetzen, sondern sie bewusst langsam und achtsam zu vollziehen. Auch dann führt sie zur Ruhe. Nach der Kommunion haben die meisten Gottesdienstbesucher das Bedürfnis, still zu sitzen und sich zu verinnerlichen, was da geschehen ist. Sie haben Christus in Brot und Wein empfangen und wollen in der Stille den Geist Jesu Christi immer tiefer eindringen lassen in ihren Leib und in ihre Seele, in die Gefühle, in den kommenden Tag und in die Beziehungen. In manchen Kirchen entsteht nach der Kommunion eine dichte Stille, gestört nur von Menschen, die unruhig hin und her rutschen oder husten. Diese Unruhe ist meistens ein Ausdruck der Verlegenheit oder eines inneren Widerstandes gegen die Stille.

Meine Vorträge schließe ich meistens mit einem Abendritual ab. Dabei mache ich ganz unterschiedliche Erfahrungen. Manchmal entsteht eine wunderbare Stille. Doch manchmal bleibt es unruhig und oft erlebe ich, dass gerade in frommen Kreisen mehr gehustet wird oder durch Bewegungen Geräusche entstehen als bei eher kirchenfernen Menschen. Gerade diese kirchendistanzierten Menschen haben offensichtlich eine große spirituelle Sehnsucht und ein Bedürfnis nach Stille. Oft sagen sie mir nach dem Vortrag, dass diese Stille für sie das Wichtigste war. Andererseits gehen manche Menschen, die in der Kirche engagiert sind und alle Formen des Gottesdienstes kennen, mit ihrem religiösen Aktivismus der Stille aus dem Weg und decken mit ihrem frommen Tun nur die innere Leere zu. Sie trauen sich nicht, ihrer eigenen Wahrheit zu begegnen. Ein Gottesdienst, den diese Menschen feiern, hat nur selten die Qualität von Stille, sondern ist eher geprägt von Aktionismus oder Inszenierung. Es muss immer etwas los sein, weil man der Stille und in ihr der eigenen Wahrheit aus dem Weg gehen möchte.

Wie Liturgie zur Stille führt, lässt sich noch auf eine andere Weise erfahren. Wir Mönche singen jeden Tag viermal jeweils eine halbe Stunde lang Psalmen. Manche, die den Weg der Schweigemeditation gehen, meinen, das seien zu viele Worte. Doch ich spüre, dass die vielen Worte mich in die Ruhe führen. Einmal beruhigt mich innerlich die gleichmäßige Melodie des Psalmengesanges. Und die vielen Worte lockern das Unbewusste in mir auf. So kann sich die heilige Stille Gottes tief in meine Seele hinein ausbreiten. Die Erfahrung zeigt, dass ich nach einer halben Stunde Singen innerlich ruhig geworden bin. Man kann Stille nicht durch Schweigen erzwingen und viele Menschen, die sich zur Schweigemeditation setzen, sind nachher immer noch voller Unruhe. Das Singen dagegen bindet den Geist und löst den Gefühlsstau auf, der sich durch bloßes Schweigen oft nicht lösen lässt. Ein Besucher unseres Klosters hat seine Erfahrungen nach einigen Tagen Chorgebet so beschrieben: Ich fühle mich wie am Strand. Die Wellen reinigen den Strand immer mehr und der Sand wird immer glatter. Ich fühle mich nach dem Chorgebet gereinigt und gestillt.

Zweimal war ich auf dem Berg Athos. In dem rumänischen Kloster nahm ich die ganze Nacht an der Liturgie zum Fest der Verklärung teil. Der

Gottesdienst dauerte etwa sieben Stunden. Immer wieder wurde gesungen, Lesungen wurden vorgetragen und schließlich Eucharistie gefeiert. Ich verstand die Worte nicht, aber trotzdem haben mich diese sieben Stunden in eine tiefe innere Stille geführt. Die Ostkirche liebt die lange Liturgie. Sie geht davon aus, dass nicht jeder immer aufmerksam sein kann, aber sie vertraut darauf, dass die lange Zeit des Singens und Betens den Menschen aus seinem unruhigen Alltag nimmt und ihn in eine andere Welt führt, in die Welt Gottes. Der Himmel öffnet sich während der Liturgie über den Menschen. Das verwandelt ihr Dasein auf der Erde.

Auch die westliche Kirche kennt lange Liturgien, vor allem an den Festtagen. 25 Jahre lang war ich mit Jugendarbeit befasst und an Silvester haben wir immer mit den Jugendlichen um 21 Uhr einen Gottesdienst gefeiert, der oft bis zu sechs Stunden dauerte. Da wurde gesungen, geschwiegen, getanzt. In einer Prozession immer den gleichen Kehrvers singend gingen wir durch die große Abteikirche. Sich so lange einer Liturgie zu überlassen, bringt uns in eine innere Ruhe und zugleich in eine innere Freude. Die Osternacht in der Abteikirche dauert drei Stunden. Auch wenn ich nicht immer aufmerksam dabei bin, so spüre ich doch, dass diese drei Stunden etwas in mir bewirken. Danach bin ich von einer Stille erfüllt, die ich durch eine Schweigemeditation nicht erreichen kann. Ich bin durch alle Höhen und Tiefen des Menschseins gegangen. Das Licht Christi ist in alle dunklen Abgründe meiner Seele eingedrungen. Jetzt bin ich im Frieden mit mir, ich bin eins mit mir, mit Gott, einverstanden mit dem Leben.

In vielen Gemeinden darf der Gottesdienst nicht länger als 45 Minuten dauern, sonst werden die Besucher unruhig. Natürlich werden manche Gottesdienste auch künstlich in die Länge gezogen. Aber wenn man keinen Mut mehr hat, sich für den Gottesdienst Zeit zu lassen, dann kann darin auch nichts wachsen, dann entsteht keine Stille und fremde Besucher empfinden, dass hier nur eine Pflicht erfüllt wird. Auch in unseren westlichen Kirchen brauchen wir wieder Mut, uns für den Gottesdienst Zeit zu lassen. Dann wird er wieder den Geschmack der Stille bekommen und wir werden verstehen, warum für die frühe Kirche Mystik immer auch Kultmystik war. Im Mysterium der Liturgie ist das Geheimnis Gottes anwesend, wir werden eingeführt in das Geheimnis seiner Liebe. In der Liturgie wird der Schleier weggezogen, der über allem liegt, und wir dürfen einen Blick erhaschen auf das Unsichtbare, auf das Mysterium des unbegreiflichen Gottes.

Zusammenfassung

Viele Wege führen zur Stille. Jeder wird den wählen, der ihm gut tut. Dabei ist es wichtig, auf die stillen Impulse der eigenen Seele zu achten. Allerdings ist der Weg in die Stille nie nur angenehm und Stille ist nicht nur beruhigend. Sie konfrontiert uns auch mit der eigenen Wahrheit. Und nur wer den Mut hat, sich der eigenen Wahrheit zu stellen, kann die Wege zur Stille gehen und wird auf diesen Wegen dann innere Ruhe erfahren.

Wir werden nicht sofort still, wenn wir es uns befehlen. Bewährt haben sich verschiedene Hilfen, um in die Stille zu kommen. Da ist der Weg in die Natur, das Aufsuchen von stillen Orten, die Meditation, das Lesen, Rituale und einfache und immer wiederholbare Tätigkeiten, die uns beruhigen. All diese Wege lassen mich jedoch nur in die Stille finden, wenn ich sie mit der inneren Einstellung beschreite, dass ich mir alles, was in mir auftaucht, erlaube. Alles darf sein darf. Ich verdränge nichts, ich bewerte nichts. Ich lasse es sein und halte es Gott hin. Nur mit dieser Einstellung kann ich mich in die Stille wagen und kann die Stille als heilend und befreiend erleben.

Es sind also nicht nur die Wege zur Stille nötig, sondern auch ganz bestimmte Haltungen. Wenn jemand sich ständig verurteilt, weil er dem Bild nicht entspricht, das er sich von sich selbst gemacht hat, oder weil ihm als Kind vermittelt worden ist, dass er nicht richtig ist, dann wird er sich schwer tun, irgendeinen Weg in die Stille zu gehen. Denn jeder Weg ist dann mit Angst besetzt. Ich muss mir also die innere Erlaubnis geben, dass ich so sein darf, wie ich bin. Dann werde ich die Stille als heilend erfahren. Sie wird mich nicht nur einlullen mit Gefühlen von Geborgenheit und Heimat, sondern sie wird mich auch wandeln. Sie wandelt mich, weil ich meine Wahrheit mitbringe und sie in der Stille Gott hinhalte.

Die geistliche Tradition unterscheidet zwischen Schweigen und Stille. Schweigen ist meine aktive Übung, um still zu werden, um meiner Wahrheit zu begegnen. In die Stille dagegen tauche ich ein. Über das Schweigen habe ich vor allem in meinem Buch „Der Anspruch des Schweigens" geschrieben. Dort bin ich von den Erfahrungen der Mönche auf ihrem asketischen Weg ausgegangen. Für die frühen Mönche ist Schweigen ein Weg zur Selbstbegegnung, zum Loslassen und zum Einswerden mit Gott. Im vorliegenden Buch war es mir wichtig, von der Stille auszugehen, die uns vorgegeben ist. Wir brauchen die Stille nicht zu schaffen, sie begegnet uns. Unsere Aufgabe ist es, diese Orte der Stille aufzusuchen und die geistlichen Wege zu begehen, die uns in den inneren Raum der Stille führen. Denn alle äußeren Orte der Stille wie die Natur, die Kraftorte, Kirchen, Bibliotheken und Konzertsäle wollen uns nur daran erinnern, dass in uns selbst schon ein Ort der Stille ist. Es ist ein heilsamer Ort und es tut uns gut, diesen inneren Ort der Stille in uns aufzusuchen. Wer mit dem Raum der Stille in sich in Berührung ist, von dem sagen wir, dass es ein stiller Mensch ist. Neben ihm sind wir gerne. In seiner Nähe werden wir auch still.

Ich erlebe bei Vorträgen und auch oft bei Gottesdiensten Menschen, die nicht still sein können. Sie reden zwar nicht, aber sie sind in sich voller Unruhe. In einem Gottesdienst begegnete ich einem Priester, der trotz des Schweigens um sich herum nur Unruhe ausstrahlte. Er hat mir leidgetan und ich wünschte ihm, dass er bei allem Frommen, was er tat, doch den Weg zu sich selber, zu seinem Herzen, zu seinem inneren Raum der Stille finden möge. Ich hatte keinen Ehrgeiz, ihm irgendwelche Schweigeübungen oder Meditationsmethoden zu empfehlen. Ich stellte mir vielmehr vor, wie es ihm gut täte, in Räume der Stille einzutreten und sich von der äußeren Stille in die innere Stille führen zu lassen. Das wünsche ich auch Ihnen, liebe Leserin, liebe Leser, dass Sie beim Lesen dieses Buches den Kontakt zu ihrem inneren Raum der Raum erfahren. Wir müssen uns nicht mühsam zur Stille zwingen. Die Stille ist da, auch in uns. Sie will nur entdeckt und gespürt werden.

Viele Menschen fragen mich nach Vorträgen, wie sie denn diesen inneren Raum der Stille erfahren oder wie sie Zugang dazu finden könnten. Sie sind von dem Bild des inneren Raums der Stille fasziniert, aber sie fühlen sich hilflos und wissen keinen Zugang. Ich kann keine Tricks anbieten und auch dieses Buch ist keine Anleitung, wie das Ziel des Wegs zum Ort der Stille in uns erreicht werden muss.

Vielleicht haben Sie nach dem Lesen dieses Buches die gleiche Frage auf den Lippen. So will ich Ihnen ähnlich antworten wie nach meinen Vorträgen: Schon allein die Vorstellung, dass in uns ein Raum der Stille ist, den wir nicht schaffen müssen, hilft uns, ab und zu diese Stille in uns wahrzunehmen. Es ist immer nur ein Augenblick, in dem wir sie spüren dürfen. Und dieser Augenblick ist letztlich Geschenk, den wir nicht selbst hervorrufen können, durch keine Meditationstechnik und durch keine spirituelle Anleitung. Aber wenn wir dem Bild trauen, das ja jeder von uns in sich trägt – denn sonst würde er von diesem Bild nicht angesprochen –, dann hilft uns diese Vorstellung, den Ort der Stille manchmal zu erleben. Aber auch wenn wir ihn im Alltag nicht finden, lässt uns bereits das Bild dieses inneren Raumes den Alltag anders erleben. Wir wissen dann, dass unter all dem inneren und äußeren Lärm die Stille schon in uns ist. Wir brauchen keine komplizierten Techniken. Allein die Erinnerung an diesen inneren Ort lässt uns mit größerer Freiheit und auch mit größerer Stille im Lärm unseres Alltags leben. Ich wünsche Ihnen, dass Sie bei allem, was Sie tun, sich an diesen inneren Raum der Stille erinnern und dass Sie sich durch die Erinnerung innerlich frei fühlen von dem Druck der Erwartungen, die auf Sie einströmen. Und ich wünsche Ihnen, dass Sie mitten in der Unruhe an diesen Anker der Stille glauben, der Ihnen Halt gibt in den Wellen und Wogen Ihres Lebens.

Literatur

Ulrich Brand, Der Schritt in die Stille. Hinführung zur Musikmeditation, München 1985

Anselm Grün, Anspruch des Schweigens, Münsterschwarzach 1980

Anselm Grün/Helge Burggrabe, Zeiten der Stille, München 2006

Heilkraft des Lesens. Erfahrungen mit der Bibliotherapie, hg. von Peter Raab, Freiburg 1988

Friso Melzer, Muße und Stille, Hamburg 1959

Das Schweigen und die Religionen, hg. von Raimund Sesterhenn, Freiburg 1983

Marc de Smedt, Das Lob der Stille, München 1987

Stille. Auswahl der Texte von Hans Hoffmann-Herreros, Mainz 1976

Stille ist eine Qualität, die uns gut tut. Anselm Grün

Anselm Grün
In die Stille finden – CD
Übungen für jeden Tag
ISBN 978-3-532-63038-9

In den Meditationen, Ritualen und leicht nachzuvollziehenden Übungen auf dieser CD führt Anselm Grün in die Stille. Die behutsam gewählten Worte erlauben eine tiefe Versenkung und schenken neue Kraft. Zusätzlich hat Anselm Grün für diese CD Musik zur Ruhe aus der Gregorianik, von Johann Sebastian Bach und Wolfgang Amadeus Mozart ausgewählt.

www.claudius.de

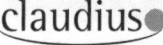

In der Stille finden wir Verwandlung, Heilung und Frieden.

Anselm Grün

Anselm Grün
Helge Burggrabe
Zeiten der Stille

120 S., gebunden mit
Schutzumschlag, zahlreiche
farbige Abb., mit 2 CDs
ISBN 978-3-532-62333-6

Anselm Grün lädt ein,
in der Stille unsere Mitte
zu finden und aus ihr zu
leben. Das Buch enthält
2 Meditations-CDs, die
Sie auf den Weg der
Stille führen.

CD1: Eindrücklich spricht Iris Berben den „Hymnus der Stille", der zum Leitmotiv für Musik und Text in diesem Buch geworden ist. Die exklusiv für dieses Buch von Helge Burggrabe komponierte und arrangierte Musik lässt Stille zu einem inspirierenden Hörerlebnis werden.

CD2: Die von Anselm Grün gesprochenen Stillemeditationen sind Originalaufnahmen aus dem Benediktinerkloster in Münsterschwarzach, die speziell für dieses Buch entstanden sind.

www.claudius.de